LE LOVELACE
FRANÇAIS.

LA JEUNESSE

DU DUC DE RICHELIEU,

OU

LE LOVELACE FRANÇAIS,

COMÉDIE EN PROSE ET EN CINQ ACTES.

PAR LES CIT. ALEX. DUVAL ET MONVEL.

Représentée, pour la première fois, au théâtre de la République, en Nivose, au V.

Prix : 1 liv. 10 sous.

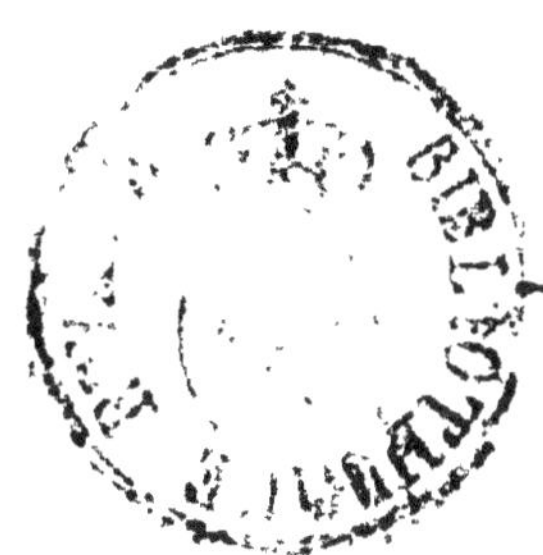

A PARIS,

Chez BARBA, Libraire, au Magasin des pièces de Théâtre, rue André-des-Arts, n°. 27.

CINQUIÈME ANNÉE DE LA RÉPUBLIQUE.

PERSONNAGES.

	Citoyens.
LE DUC DE RICHELIEU,	BATISTE, aîné
ARMAND, son secrétaire,	MONVEL.
M. MICHELIN, marchand de meubles dans le faubourg St.-Antoine,	DAMAS.
MAD. MICHELIN, son épouse, *les Cnes.*	VANHOVE.
MAD. RENAUD, veuve d'un bourgeois, et amie de madame Michelin,	TURBOT.
MARIE, vieille cuisinière chez M. Michelin,	GIVERNE.
LA FOSSE, valet-de-chambre du duc de Richelieu,	MICHAUT.
UN LAQUAIS,	RAIMOND.

La scène se passe à Paris, chez M. Michelin, à l'hôtel de Richelieu, et dans la petite maison de ce seigneur.

LA JEUNESSE
DU DUC DE RICHELIEU,
OU
LE LOVELACE FRANÇAIS;
COMÉDIE.

ACTE PREMIER.

Le théâtre représente un salon bourgeois, proprement, mais simplement décoré. Marie prépare le déjeûner; du thé, du café, des tasses qu'elle essuie tout en parlant. La mise de Marie doit être propre, mais de la plus grande simplicité.

SCENE PREMIERE.

MARIE *seule, et regardant à la pendule.*

HUIT heures..... et la bourgeoise ne descend pas!.... Pendant ce tems-là, mon thé, mon café, tout cela se réfroidit.. (*Elle va vers la porte, l'ouvre et appelle.*) Madame Michelin, le déjeûner vous attend..... (*Elle revient vers la table et se remet à essuyer les tasses.*) Quant à monsieur, il est sorti dès le grand matin.... c'est pour des affaires, et il ne veut pas que nous l'attendions...... Mais, madame, elle ne se lève pas ordinairement si tard....... Le commerce souffre de ces petites paresses-là..... (*Elle retourne vers la porte et appelle.*) Madame Michelin.) *Elle revient, et dit en achevant de ranger l'appartement.* Depuis quelque tems cette femme-là a quelque chose dans la tête qui la contrarie, qui la tourmente. Plus d'une fois je l'ai surprise qui pleuroit, ou venoit de pleurer... Elle change, elle maigrit à vue d'œil.... Tout cela n'est pas naturel.... J'ai bien envie de lui demander..... Non, Marie, cela ne seroit pas bien. Je l'ai vue naitre, elle m'aime et n'ignore pas combien je lui suis attachée..... Si son cœur renferme un secret, et qu'elle ne m'en parle pas la première, c'est qu'elle a probablement des raisons pour le taire; l'arracher à force d'importunités, ce seroit persécution et non pas amitié.... Mais la voici.... rêveuse..... mélancolique.... elle ne m'apperçoit seulement pas.....

SCENE II.

MAD. MICHELIN, MARIE.

Mad. MICHELIN.

Elle marche lentement, les yeux baissés. Sa mise est on ne peut pas plus simple, elle n'a rien sur la tête.

Trois mois absent!..... et point de nouvelles!..... il a, sans doute, oublié sa victime!

MARIE, *à part.*

Que parle-t-elle de victime?... Allons, je ne dois pas écouter ce qu'elle dit, puisque ce n'est point à moi qu'elle adresse la parole.

Mad. MICHELIN, *toujours préoccupée.*

Et moi, je ne m'occupe que de lui! son image me suit par-tout.... même auprès de mon époux.... mon époux! Dieu! comment osai-je prononcer ce nom?

MARIE, *à part.*

Oh! ce n'est pas ma faute, si j'ai entendu cette phrase-là... je n'écoutois pas, en vérité...

Mad. MICHELIN.

Quelles idées sinistres me poursuivent! quels pressentimens affreux s'élèvent dans mon ame! quelle sera donc pour moi la journée qui commence? Suis-je enfin arrivée au terme de mes longues douleurs.

MARIE.

Elle s'approche de madame Michelin, et dit :

Parlez plus bas, je vous en prie, si vous ne voulez pas me mettre dans votre confidence.

Mad. MICHELIN, *sans témoigner de surprise, mais du ton le plus mélancolique.*

C'est toi, Marie ?

MARIE, *avec un gros soupir.*

Eh ! mon Dieu, oui, c'est moi...... qui suis bien triste de vous voir depuis quelque tems si mélancolique.

Mad. MICHELIN, *languissamment.*

Tu m'as entendu ?

MARIE.

Il n'auroit tenu qu'à moi.... Mais je vous ai bien vite fait appercevoir que j'étois-là, pour que vous n'en disiez pas davantage; parce que, voyez-vous, lorsqu'on se parle à soi-même, il y a tout à parier qu'on se tairoit, si l'on étoit sûr d'être écouté.

Mad. MICHELIN, *en lui prenant la main.*

Ta curiosité seroit bien naturelle.... je ne l'imputerois qu'à ton amitié pour moi.

MARIE, *vivement et avec sensibilité.*

Ah ! comment seroit-ce autre chose ? Vous savez si je vous aime ! Quand je songe que je vous ai vue naitre, que jamais je ne vous ai quittée, qu'enfin mes soins ont contribué à vous rendre si bonne et si aimable.... Quand je pense que tout le monde m'applaudissoit, en vous admirant, que nous ne passions jamais dans la rue, sans que j'entendisse murmurer de tous côtés... *Voilà mademoiselle Rose et sa gouvernante !...* Comme la demoiselle est modeste et jolie ! et comme sa bonne a l'air d'une brave fille ! Alors je me redressois, j'en étois toute fière; et d'y penser seulement, je sens que cela me rajeunit.

Mad. MICHELIN, *avec un soupir.*

Ah ! ma chère Marie ! quel tems me rappelles-tu ?

MARIE.

Un tems qui vous fait honneur et à moi aussi.... Fille d'un honnête artisan (que Dieu fasse paix à ce brave homme!) vous étiez estimée, respectée de tout le quartier Saint-Antoine. On avoit beau voir des jeunes gens roder autour de vous, cela ne faisoit rien; et tandis que les mauvaises langues s'exerçoient sur celle-ci, sur celle-là, on n'a jamais osé effleurer votre réputation. Toutes les mères vous proposoient pour exemple à leurs filles, tous les pères vous souhaitoient pour femme à leurs garçons... Aussi le ciel a récompensé tant de sagesse, en vous donnant un excellent mari, qui fait votre bonheur, que vous rendez heureux, et qui mérite de l'être.

Mad. MICHELIN, *vivement et avec un accent douloureux.*

Et toi aussi, tu déchires mon cœur!

MARIE.

Qu'est-ce que vous dites donc là?

Mad. MICHELIN, *se jettant dans les bras de Marie.*

Je dis.... que je suis la plus malheureuse des femmes!

MARIE.

Ah! mon Dieu! est-ce qu'il seroit possible?

Mad. MICHELIN, *effrayée.*

Quoi donc?

MARIE.

Que votre mari, en dépit de son air de bonté, et malgré toutes ses caresses apparentes?...

Mad. MICHELIN, *vivement.*

Mon époux est l'être le plus estimable, et jamais homme ne merita mieux d'être aimé!

MARIE.

Il est vrai qu'il faudroit être bien difficile pour s'y refuser... Un grand jeune homme bien bâti, d'une figure aimable, doux, honnête, civil, à qui ses parens ont donné la plus belle éducation; qui a de l'esprit, que c'est un charme... Aussi toutes les femmes envient votre sort... Mais puisque ce n'est pas lui qui vous donne du chagrin, d'où viennent donc ces pleurs que vous versez, quand vous vous croyez seule, et dont vous vous efforcez de nous cacher les marques ?

Mad. MICHELIN.

Comment te révéler mes peines? .... Ah! pourrai-je jamais?....

MARIE.

Non seulement vous le pouvez, mais vous le devez... Ne suis-je plus cette bonne Marie que vous aimiez, que vous aimez encore, qui souffre de vous voir souffrir, et qui n'abusera jamais de votre confiance?

Mad. MICHELIN.

Je connois ton cœur, je suis sûre de ta discrétion, de ta prudence.... Mais il faut avouer ma honte, et déjà la rougeur de mon front....

MARIE.

Vous, rougir! et de quoi donc?...... Ah! mon enfant!..... pardonnez-moi ce mot... Auriez-vous quelque chose à vous reprocher?

Mad. MICHELIN.

La plus grande des fautes... Ah! Marie!... si je parle, tu vas me haïr, tu vas me mépriser!

MARIE.

Cela n'est pas possible. Je vous respecte autant que je vous aime.... Mon âge, mon expérience, et sur-tout ma tendresse doivent vous encourager à n'avoir point de secrets pour moi... Je n'ai pas d'esprit, mais j'ai un bon cœur, et le cœur donne quelquefois de bonnes idées... Allons... un peu de courage!...

Mad. MICHELIN.

Eh bien! au risque de perdre ton amitié, ton estime, tu vas lire dans ce cœur malheureux, tu vas apprendre ce secret, dont je me reproche de t'avoir fait si long-tems un mystère; cet horrible secret, que, cent fois, mes remords et mes larmes ont pensé trahir aux yeux de l'homme respectable à qui j'ai tant d'intérêt de le cacher.... Tu le veux?.... Apprends donc.... Mais j'entends quelqu'un... On entre ici...

MARIE, *allant vers la porte et avec humeur.*

Ce quelqu'un vient bien mal-à-propos.

SCÈNE III.

MAD. MICHELIN, LA FOSSE, MARIE.

MARIE, *à madame Michelin.*

C'est un monsieur.

LA FOSSE, *avec humeur, en appercevant Marie.*

(*A part.*) Ah! diable! la bonne est là. (*Il s'approche lestement, fait une petite révérence, et s'adressant à madame Michelin.*) C'est à madame Michelin que j'ai l'honneur de parler?

Mad. MICHELIN.

Oui, monsieur.

LA FOSSE, *à demi-bas, et se baissant vers elle:*

C'est de la part de M. de Richelieu...

Mad. MICHELIN, *à part.*

Ciel!

Marie range quelque chose dans l'appartement.

LA FOSSE, *à demi-bas, et se baissant vers madame Michelin.*

Eloignez la femme qui est là.... (*Haut.*) Madame, je viens pour avoir l'honneur...... (*Bas à madame Michelin, en lui montrant un petit papier qu'il tient à la main.*) C'est un billet que j'ai à vous remettre.

MARIE, *se rapprochant.*

Si monsieur veut parler à monsieur Michelin, il va rentrer, monsieur peut attendre..... le maître de la maison ne tardera pas long-tems.

LA FOSSE.

Il est égal que je parle à monsieur ou à madame, ma bonne.... (*Bas à madame Michelin.*) C'est un billet, vous dis-je.

Mad. MICHELIN, *à part, et n'ayant pas l'air de l'entendre.*

J'aurai la force de le refuser.

MARIE, *approchant un siège.*

Donnez-vous la peine de vous asseoir, monsieur.... Je vous assure que monsieur Michelin sera ici dans un petit quart-d'heure.

LA FOSSE, *éloignant le siège.*

(*Bas, à madame Michelin.*) Il y a trois mois qu'il ne vous a vue....

Mad. MICHELIN, *à part et avec un soupir.*

Je ne le sais que trop!

Marie rapproche le fauteuil, la Fosse l'éloigne encore.

LA FOSSE.

Je vous remercie, ma bonne, je ne suis point las. (*Bas, à madame Michelin.*) C'est pour se justifier qu'il vous écrit.... prenez.....

Mad. MICHELIN, *bas, agitée et repoussant le papier qu'on lui présente.*

Laissez-moi... laissez-moi...

Pendant ce débat, le billet échappe de la main de la Fosse, et tombe devant madame Michelin au moment où Marie se rapproche; elle le ramasse.

MARIE.

Un billet pour monsieur Michelin... je le lui rendrai... ou, si vous le voyez avant moi, madame, vous le lui remettrez vous-même.

Elle pose le billet sur les genoux de Mad. Michelin.

LA FOSSE, *avec un sourire malin.*

Bien obligé, ma bonne... vous êtes une femme charmante... je ne ferois pas mieux moi-même.

Mad. MICHELIN, *interdite, embarrassée.*

Mais, monsieur... cette lettre?...

MARIE, *la regardant.*

Elle est sans adresse?...

LA FOSSE, *malignement et avec une feinte surprise.*

C'est un oubli... mais cela ne l'empêchera pas d'arriver à sa destination.

Mad. MICHELIN, *voulant la lui rendre.*

Non, monsieur, dites à monsieur de la Fosse....

MARIE.

Monsieur connoît monsieur de la Fosse, valet de chambre de M. de Richelieu ?

LA FOSSE.

Un fort joli garçon, sans contredit, et à qui j'ai l'honneur d'appartenir.

MARIE.

Et comment se porte-t-il ? Il y a bien long-tems que nous ne l'avons vu ?

LA FOSSE.

Il se porte à merveille.

MARIE.

Ah ! tant mieux !

Mad. MICHELIN, *voulant imposer silence à Marie.*

Marie!...

MARIE, *ne regardant point et n'écoutant pas sa maîtresse.*

(*A la Fosse.*) Monsieur Michelin se plaint de lui, entendez-vous? dites-le lui.... Monsieur de la Fosse ne vient plus ici.... il y a trois mois qu'il n'a mis les pieds à la maison, et cela n'est pas bien de négliger comme cela ses amis..... Madame, elle-même, en est fort mécontente... n'est-ce pas, madame ?

LA FOSSE, *à Marie, d'un air caressant et malin.*

Vous êtes une femme adorable.... Je vais dire tout cela à M. de la Fosse.

Il fait un pas pour se retirer, mad. Michelin l'arrête.

Mad. MICHELIN.

Non, monsieur.... cette lettre.... Non.... je ne puis....

LA FOSSE, *sans écouter.*

Je ne manquerai pas de dire à mon maitre tout l'intérêt qu'on prend à lui dans cette maison.... Mais il m'est impossible de m'arrêter plus long-tems.... j'ai mille commissions à faire.... (*Bas à mad. Michelin.*) Vous ferez réponse, il y compte.... (*Haut.*) Adieu, madame.... mes respects à monsieur Michelin.... (*A Marie.*) Adieu, la plus aimable, la plus serviable de toutes les bonnes.... (*Il sort.*)

MARIE, *en le reconduisant.*

Monsieur, il n'y a pas de quoi... Mille amitiés à monsieur de la Fosse, de la part de tout le monde.

SCENE IV.

Mad. MICHELIN, MARIE.

Mad. MICHELIN

Ah! Marie, qu'as-tu fait? Si tu savois?...

MARIE.

Quoi donc? j'aime beaucoup monsieur de la Fosse, moi; et tout le monde ici, vous-même, je vous ai vus tous le trouver charmant. On n'est pas plus aimable, plus gai, plus généreux sur-tout.

Mad. MICHELIN.

Et lui seul est la cause de toutes mes peines.

MARIE.

Monsieur de la Fosse?

Mad. MICHELIN.

Je voulois refuser cet écrit, et tu m'as forcée de le recevoir... Tout-à-l'heure tu me demandois mon secret... Ouvre la lettre, et tu sauras tout mon malheur.

MARIE, *prenant la lettre d'une main tremblante, hésitant, n'osant l'ouvrir, et regardant tour-à-tour le papier et madame Michelin.*

Je n'ose, en vérité, je n'ose... Vous m'effrayez... ce que vous me dites là... votre air... le son de votre voix...

Mad. MICHELIN.

Ouvre, te dis-je... tu vas voir... si je mérite encore ton estime et ton amitié.

MARIE.

Vous me faites frémir...

Elle ouvre la lettre en tremblant, et lit ce qui suit:

« J'ai été forcé de vous quitter pendant trois grands mois.
» La gloire m'appelloit dans la Flandres. Je reviens triom-

» phant et toujours plus amoureux, déposer aux pieds de ce
» que j'aime les tourmens de l'absence, mon cœur et mes
» lauriers.

» La Fosse espère vous voir aujourd'hui ».

(*Avec étonnement.*) Qu'est-ce que cela veut dire?... C'est monsieur de la Fosse qui vous écrit, et de ce ton-là!... Que parle-t-il de Flandres, de gloire, de triomphes, et qu'a-t-il de commun avec les lauriers, lui? un valet-de-chambre?... Et c'est donc là le sujet de votre tristesse! Voilà donc la cause des pleurs que vous versez depuis près de six mois!... Monsieur de la Fosse!... vous l'aimez! il vous aime!... Allons, allons, puisque vous avez failli, on ne peut répondre de personne... Je ne sais pas si je répondrois à présent de moi-même.

Mad. MICHELIN.

Tu ne sais rien encore... Ce la Fosse que tu vantois il n'y a qu'un instant, auquel tu prenois un intérêt si vif, celui qui passe à tes yeux pour le valet-de-chambre du duc de Richelieu, est Richelieu lui-même.

MARIE.

Ah! ma pauvre maîtresse! à quel homme vous êtes-vous attachée! On n'en parle pas bien, au moins... Si vous saviez tout ce qu'on en raconte.... cela fait trembler On dit qu'il passe sa vie à séduire les jeunes filles, à tourmenter les maris, à déshonorer les femmes... Qu'avez-vous fait? et que deviendront votre repos, le bonheur de votre époux, votre réputation et la sienne?

Mad. MICHELIN.

Ah! ne me condamne pas au moins sans m'avoir entendue!... Oui, je suis coupable, mais moins, peut-être, que tu ne le supposes... Oui, je suis coupable, mais sans avoir jamais conçu le projet de le devenir, sans avoir un moment consenti à ma honte, en faisant d'incroyables et d'inutiles efforts pour combattre mon fatal amour, et pour lutter contre ma destinée.

MARIE.

Mais où et comment avez-vous connu ce méchant homme-là?

Mde. MICHELIN.

Tu vas tout savoir... Je ne te parlerai point du tems qui précéda mon hymen avec M. Michelin... Tu sais, qu'en l'épousant, je ne fis qu'obéir au vœu de mes parens; mon cœur n'éprouvoit pour lui ni tendresse, ni répugnance. Je rendois justice à l'amabilité de son caractère, à ses vertus, à sa bonté... Depuis notre hymen, quatre années s'écoulèrent dans la plus parfaite tranquillité; des prévenances qui ne coûtoient rien à mon cœur, mon estime pour un époux respectable, mon amitié qu'augmentoit chaque instant, lui tenoient lieu d'un sentiment plus tendre... il étoit heureux, je l'étois moi-même... hélas! je n'avois pas connu l'amour!.... Un jour que des devoirs pieux me conduisoient dans l'église voisine, un jeune homme vint se placer près de moi.... sa taille étoit parfaite, sa figure charmante... il paroissoit m'examiner avec le plus tendre intérêt... son regard me troubla.... j'évitois de rencontrer ses yeux, et, malgré moi, je les cherchois toujours... je sortis, et je m'efforçai d'écarter loin de moi son image... que mon cœur, involontairement, se retraçoit à chaque instant du jour. Poussée par un sentiment que je ne puis définir, je retournai plus souvent dans cette fatale église.... j'y rencontrois toujours cet inconnu. Un jour il me salua, m'adressa la parole... sur des choses indifférentes, mais il y donnoit un prix par la manière dont il s'exprimoit. Il s'apperçut sans doute de l'intérêt avec lequel je l'écoutois... son langage devint plus tendre; séduite par mon propre cœur, je m'obstinai à ne voir dans ses discours que des galanteries d'usage: j'écartai loin de moi tout ce qui pouvoit me prémunir contre lui: sûre de ma vertu, confiante en mes principes, je me crus à l'abri de toute séduction, et je ne m'apperçus d'une passion trop funeste, que lorsqu'il n'étoit plus tems de la combattre, et que j'avois perdu... jusqu'à la volonté de m'y soustraire.... Modestement vêtu, et se servant du prétexte d'acheter différentes marchandises, il vint ici, s'annonça sous le nom de la Fosse, se dit valet-de-chambre du duc de Richelieu, et mon époux, dans l'espoir de fournir la maison de cet homme riche et puissant, lui fit l'accueil le plus flatteur.

MARIE.

On diroit qu'il y a un mauvais génie qui guide les maris et qui les conduit au-devant de leur perte; s'ils ont une politesse à faire, c'est toujours à celui qui ne s'introduit chez eux que pour en conter à leur femme.

Mde. MICHELIN.

Ah ! plains-moi, et ne m'accable pas !

MARIE.

Est-ce que c'est-là mon intention ! continuez, ma chère maitresse.

Mde. MICHELIN.

La Fosse, ou plutôt Richelieu, venoit depuis long-tems ici. Il m'avoit parlé sans mystère, je connoissois son amour; je ne le partageois que trop, mais je savois résister à mon fatal penchant ; et pour m'arracher entièrement au danger, j'avois formé la résolution d'avouer tout à mon époux, et de contraindre par-là mon dangereux ennemi à cesser ses poursuites.... J'allois parler, lorsque je reçois une lettre, signée, *duchesse de Richelieu.* On lui a beaucoup vanté, m'écrit-elle, mon goût, ma figure, et mon caractère; elle veut faire connoissance avec moi, et me consulter sur un nouvel ameublement qu'elle veut se donner, et que mon mari doit fournir. Elle m'envoie sa voiture, et me prie de venir, sans différer d'un moment, à l'hôtel où l'on m'attend avec impatience... Moi, sans défiance, je suis le domestique qui me sert de guide... L'équipage me conduit dans une maison d'assez belle apparence, et que je crois être l'hôtel de Richelieu.... J'entre, je traverse plusieurs appartemens... mais au lieu de la dame que je venois chercher... qui trouvai-je ?.... cet homme qui, depuis trois mois, me faisoit une cour assidue, ce la Fosse, qui cesse enfin de se déguiser, et qui se fait connoitre pour Richelieu lui-même ; je vois qu'on m'a trompée ; je découvre l'abime entr'ouvert sous mes pas ; je veux fuir, mais inutile effort ! j'étois en son pouvoir ; nuls témoins dont mes cris pussent implorer l'assistance ; j'avois à lutter contre la force et contre mon propre cœur... Les sermens les plus sacrés, le langage passionné de l'amour, l'expression du sentiment, tous les genres de séduction, tout s'arma contre moi, tout fut employé... jusqu'aux moyens les plus odieux... J'en atteste le ciel !... le triomphe de cet homme exécrable est un crime, dont mon cœur, tout égaré qu'il étoit, ne fut point le complice... mais ma ruine étoit consommée, et je ne revins au sein de mes foyers que la honte sur le front, et le remords, le désespoir dans le fond de mon cœur.

MARIE.

Ah ! ma pauvre maîtresse, je vous vois dans tout ceci plus malheureuse que coupable.

Mad. MICHELIN.

(*Avec l'expression la plus douloureuse*) ! Oui, malheureuse... oh oui, bien malheureuse !... (*Avec un accent plus sombre.*) mais coupable... ah ! je le suis, je ne puis me le dissimuler. Livrée au répentir, consumée de regrets, écrasée par la honte, j'aurois dû abhorrer l'auteur de tous mes maux ; son audace, sa barbarie auroient dû n'exciter que ma haine, et tout augmenta mon amour ; je détestois le crime, et j'adorois le criminel ; jouet de toutes les passions, je fus celui de toutes les souffrances... Au moment où je parle, rien n'égale encore l'horreur de mes tourmens ; le sentiment de mon opprobre, le désespoir, le remords, l'affreuse jalousie, déchirent tour-à-tour ce cœur infortuné qui ne voit plus de terme à son malheur.

MARIE.

Ce n'est pas du tout comme cela qu'il faut voir une position fâcheuse ; il y a remède à tout, et le [illegible] voir ne conduit à rien... Voilà ce beau monsieur-là de [illegible] commencer par ne plus le revoir...

MICHELIN.

Et le pourrai-je, quand cette lettre que je refusois, et que tu m'as forcé de recevoir.

MARIE.

Il faut y répondre...

Mad. MICHELIN.

Quoi ! tu voudrois ?....

MARIE.

Il le faut, et si vous voulez un jour pouvoir vous pardonner à vous-même, il ne faut plus revoir l'homme qui vous arrache à vos devoirs...

Mad. MICHELIN.

Eh bien, Marie, je m'abandonne à toi... Sauve-moi de l'infamie, mais non pas du remords... Tes soins n'y parviendroient jamais.

MARIE.

J'entends du bruit... c'est M. Michelin qui sûrement rentre pour déjeûner... je vais apporter le café. Dès que monsieur se sera remis en course, je remonterai, et nous nous occuperons pour la dernière fois de M. de Richelieu. On vient, c'est Monsieur, je descends bien vite.

SCENE V.

MAD. MICHELIN, *seule.*

Dérobons-lui mes pleurs, et s'il se peut, effaçons-en la trace... Hélas ! voilà l'effet du crime! il nous force à ne paroitre jamais ce que nous sommes. Il entraine avec lui la dissimulation, le mensonge et l'indigne artifice.

SCÈNE VI.

MDE. MICHELIN, M. MICHELIN, ARMAND *qui survient.*

M. MICHELIN.

Bon jour, ma tendre amie... embrasse-moi... comment te trouves-tu ce matin?

Mde. MICHELIN, *languissamment.*

Assez bien.

MICHELIN.

Tant mieux... devine un peu qui j'ai rencontré tout-à-l'heure, qui je t'amène ?

Mde. MICHELIN, *inquiète.*

Qui donc ?

MICHELIN.

Armand, notre vieil ami ; notre bon, notre cher Armand... Il est là.... Il n'ose pas entrer... Il a peur que tu ne le grondes d'avoir passé presque un an sans nous voir... Il veut, avant de se présenter, que je sache de toi si tu consens à lui pardonner.

Mad. MICHELIN.

Ah ! de tout mon cœur, et je cours l'en assurer moi-même.

ARMAND, *se précipitant.*

Vous n'irez pas loin. Armand bien soumis, bien repentant, quoique, en vérité, il ne soit pas coupable, Armand vient vous remercier de vous être apperçu de son absence, et vous convaincre de tout le plaisir qu'il éprouve à vous revoir.

Mad. MICHELIN.

Mais comment, et pourquoi nous avez-vous abandonnés si long-tems ?

ARMAND.

Vous entendrez et vous recevrez ma justification... Sachons avant tout comment va votre fortune, et si vous êtes heureux, bons et aimables gens.

MICHELIN.

Nous n'avons pas à nous plaindre de la fortune, et quant au bonheur, je te réponds du mien... (*Il serre sa femme dans ses bras.*) Peut-on n'être pas heureux, quand on possède tout ce qu'on aime... C'est à ma femme à te dire si je lui fais éprouver le même sentiment.

Mad. MICHELIN.

Ah ! je vous rends justice... et je voudrois bien mériter mon bonheur.

ARMAND.

Et moi, à titre d'ami, je jouis autant que vous de votre félicité.... Mais, cependant, savez-vous, ma belle dame, que je vous trouve un peu changée ?..... Vous êtes toujours bien jolie.... mais vous avez un petit air languissant...

Mad. MICHELIN, *tristement.*

Depuis quelques mois, je ne me porte pas bien...

MICHELIN.

Et cela m'inquiète.... Elle est d'une mélancolie qui me désespère, et ne veut consulter personne...

Mad. MICHELIN, *embarrassée, et cherchant à changer de conversation.*

Cessons de parler de moi, occupons-nous de notre ami.... Dites-moi donc, mon cher Armand, ce que vous avez fait depuis un an que nous avons été privés du plaisir de vous voir ?

MICHELIN.

Ce qu'il a fait ? oh ! je vais te dire... tout pour la philosophie et rien pour la fortune ; de façon qu'il en est encore au point où nous l'avons laissé.

ARMAND.

Eh bien, mon ami, tu te trompes... il ne tiendroit qu'à moi de faire fortune, je suis placé commodément pour cela.

MICHELIN, *en riant.*

Cela n'est pas possible. On est donc venu te prendre par la main et te dire : *M. Armand, vous avez des principes, de l'esprit, des connoissances ; vous pouvez être utile à votre patrie.... donnez-vous la peine d'accepter une place.*

ARMAND, *en riant aussi.*

Oui..... la chose, à-peu-près, s'est passée comme cela..... excepté cependant que je n'ai pas le bonheur de servir directement mon pays, et que mes foibles talens ne sont consacrés qu'à un seul individu. Enthousiasmé d'un des derniers ouvrages de M. de Voltaire, j'osai lui adresser d'assez médiocres vers et quelques réflexions qui l'intéressèrent en ma faveur. Il voulut me connoître, me prit en amitié, se chargea du soin de ma fortune, et me conduisit lui-même chez un homme très-connu par son rang, son crédit à la cour, ses richesses et ses galanteries.

Mad. MICHELIN, *qui écoutoit attentivement, fait un mouvement involontaire, et s'arrête au milieu d'une exclamation prête à lui échapper.*

MICHELIN, *à sa femme.*

Qu'as-tu donc ?

Mad. MICHELIN, *affectant un air tranquille.*

Moi ! rien... j'écoute.

ARMAND.

ARMAND.

Cet homme m'accepta pour son secrétaire, et j'ai, depuis ce tems, été tellement occupé, que je me suis vu forcé de négliger mes bons, mes anciens, mes véritables amis.

MICHELIN.

Mais enfin, chez qui es-tu ?

ARMAND.

Chez le duc de Richelieu.

Mad. MICHELIN, *involontairement.*

Ciel !

ARMAND, *à madame Michelin.*

Cela vous étonne ?

Mad. MICHELIN, *revenant à elle et affectant de sourire.*

Au contraire.

MICHELIN.

Je vais te dire ce qui a causé l'espèce de surprise de ma femme... c'est que nous connoissons beaucoup le valet-de-chambre de M. de Richelieu... La Fosse, un fort aimable garçon.

ARMAND, *avec surprise.*

La Fosse, un aimable garçon ?... Mes amis, vous n'êtes pas difficiles sur l'article du mérite. M. de la Fosse est... ce que l'on est assez communément dans son état... Vil complaisant du maître, bas flatteur, se mêlant de plus d'un métier, et peu délicat sur le choix ; rampant auprès des grands, insolent avec ceux qui ont besoin de lui : point d'éducation, plus d'audace que d'esprit, un jargon de mauvaise compagnie, que, dans l'antichambre, on prend pour le bon ton... Voilà M. de la Fosse et le portrait est encore adouci.

Mad. MICHELIN, *à part.*

Quelle position est la mienne !

MICHELIN.

C'est singulier... Sa conversation m'a paru spirituelle, brillante ; ses manières m'ont semblé gracieuses : je lui ai trouvé le ton aisé, un air de prévenance, d'affabilité.... Au reste, j'ai bien pu me tromper, il m'étoit utile, et m'avoit procuré l'avantage de fournir à son maître des ameublemens considérables et magnifiques; et, sans miracle, il est possible que l'intérêt qui détermine assez communément l'opinion des hommes m'ait aveuglé sur son compte.... Peut-être aussi, y a-t-il un peu de prévention de ta part... Je veux te donner à souper avec lui, et te voir revenir à mon sentiment sur ce pauvre la Fosse.

ARMAND.

A la bonne heure...... Mais, tu as donc des rapports avec M. de Richelieu ?

MICHELIN.

Sans le connoître cependant, car je n'ai jamais parlé qu'à son homme d'affaire. Je lui ai meublé une petite maison charmante, au bout du faubourg St.-Antoine.

ARMAND.

J'en ai entendu parler... C'est-là qu'il conduit les beautés nombreuses qui ont la foiblesse de s'attacher à lui.

Mad. MICHELIN, *à part.*

Ah ! pourquoi suis-je ici ?

MICHELIN, *gaiement.*

(*A Armand.*) A propos de ces beautés nombreuses .. (*Il se tourne vers sa femme.*) Sais-tu que l'on dit, par-tout autour de nous, qu'il a une intrigue dans notre voisinage ?

Mad. MICHELIN, *pouvant à peine articuler.*

Et... soupçonne-t-on ?....

MICHELIN.

Je suis arrivé comme nos voisins en causoient. Je me suis mêlé dans la conversation... On disoit que cela duroit, à-peu-près depuis quatre mois, que M. de Richelieu venoit fréquemment dans le quartier, et toujours déguisé; que cependant, depuis assez long-tems, on ne l'avoit pas vu, mais que l'on étoit certain que l'intrigue duroit toujours. On n'a nommé personne. J'ai cité dans tous nos environs les femmes dont la conduite pouvoit autoriser un semblable soupçon... Il faut que je n'aie pas rencontré juste, car on m'a toujours répondu, *non*, et les choses en sont restées-là... Toi, qui connois les beautés de notre voisinage, est-ce que tes idées ne s'arrêtent sur personne?..... Les femmes savent tout, devinent tout, et ne se taisent que sur ce qui les concerne personnellement?...

ARMAND.

Ah! toutes les femmes ne se ressemblent pas, et la règle seroit générale, que madame Michelin en devroit être exceptée.

MICHELIN.

Aussi n'est-il pas question d'elle.... Mais avec son mari, et devant l'ami de la maison, on peut penser tout haut... Vraiment tu ne devines pas qui ce peut être?

Mad. MICHELIN, *les yeux baissés et avec un sentiment pénible.*

Pourquoi chercher à pénétrer un mystère qu'on s'efforce sans doute de dérober à tous les yeux? Votre mépris pourroit tomber sur une femme qui ne seroit pas coupable... et vous accorderiez peut-être votre estime à celle... qui, dans son cœur, s'en reconnoit indigne.

MICHELIN.

A la bonne heure.... Mais j'avoue que mes idées, à moi, se sont portées sur notre voisine, madame Renaud, plus que sur qui que ce soit des femmes aimables qui nous entourent.

Mad. MICHELIN, *avec surprise.*

Madame Renaud?

MICHELIN.

Elle est jolie, assez coquette, un peu étourdie, et son veuvage la laisse jouir d'une liberté dont il seroit possible qu'elle abusât.

ARMAND.

Madame Renaud...... attendez donc.... Eh! mais, effectivement... il me semble avoir entendu M. de Richelieu prononcer ce nom-là... Oui, j'ai vu quelques billets écrits par lui, et à l'adresse de madame Renaud.

Mad. MICHELIN, *avec une vivacité involontaire.*

Quoi ? vous dites ?... Ah ! Dieu !... il seroit bien possible ?...

MICHELIN, *à sa femme.*

Quand je te disois que c'étoit une coquette, me trompois-je ? Je suis enchanté qu'elle ait cessé de venir ici... Cela prouve au moins un reste de pudeur.

Mad. MICHELIN, *à part.*

La mort à chaque mot !

MICHELIN, *prenant sa femme dans ses bras.*

Que tu ressembles peu à toutes ces femmes-là, tendre amie !... jolie, aimable et sage.... tu réunis toutes les perfections.

ARMAND, *les regardant avec satisfaction.*

Ce tableau m'enchante... Les bons ménages sont si rares !

MICHELIN.

Tu pleures, ma bonne amie !... Ah ! que ces larmes-là sont précieuses pour moi !

ARMAND.

Sensibles et fortunés époux, puissiez-vous ne jamais changer !... mais on ne s'apperçoit pas auprès de vous que le tems passe.... Il se fait tard, l'heure m'appelle à l'hôtel... Heureusement j'ai affaire à un insouciant.

MICHELIN.

Nous allons sortir ensemble... Mais, dis-moi, comment te gouvernes-tu avec ces grands seigneurs ; toi, tant soit peu sauvage, et sur-tout d'une franchise qui n'est pas en possession de leur plaire ? De quelle manière vis-tu avec M. de Richelieu ?

ARMAND.

A merveille. Je ne me contrains pas. Je dis tout ce que je pense. Nous sommes perpétuellement en dispute, et il a l'air de m'aimer à la folie, s'il est possible qu'il aime quelque chose... Sa réputation, très-méritée, est celle d'un jeune étourdi qui s'est mis au-dessus de l'opinion du public, dont il est à-peu-près sûr de maîtriser les jugemens par les graces de son caractère, par l'amabilité de sa personne, même par ses défauts qui, tous, ont un éclat fait pour en imposer. Je ne connois pas de plus grand despote, et il aime qu'on ait un caractère, une volonté à soi. La vérité, celle même qui tourne contre lui, ne paroit pas lui déplaire. Il l'écoute, il y applaudit même quelquefois, mais se garderoit bien d'en profiter. Il convient de ses erreurs, parfaitement résolu de ne pas s'en corriger. Il seroit fâché qu'on le supposât meilleur qu'il ne l'est effectivement. La gloire, selon lui, consiste à se montrer avec franchise tels que nous a faits la nature, à s'environner de qualités assez aimables pour faire excuser les plus grands défauts, à plaire enfin sans se donner la peine de cacher ses imperfections...... Une intrépidité reconnue, l'esprit le plus brillant, de grandes idées, des talens militaires et politiques; voilà ce qui, parmi les hommes, peut le rendre à jamais recommandable....... Mais, avec les femmes.. Oh! il est d'une perfidie... De telle classe qu'elles soient, quand elles sont jolies, il ne les estime pas, mais il leur fait l'honneur de les desirer, et le plaisir de les tromper. Princesses du sang, femmes de la cour, de robe ou de finance, petites bourgeoises, simples grisettes, tout lui convient; il les déshonore toutes avec une impartialité qui lui a fait dans le monde la plus haute réputation.... Oh! c'est un homme qui fera époque.

MICHELIN.

Ma foi, tant pis pour la société... Qu'en dis-tu, Rose?

Mad. MICHELIN.

Vous avez bien raison.

ARMAND.

Adieu, adieu, mes chers amis.... Je vous reverrai le plutôt qu'il me sera possible.

MICHELIN.

Non, monsieur.... il faut que vous promettiez à ma femme de venir souper ce soir avec nous.

ARMAND.

Ce soir.... Eh bien, soit, j'y viendrai. J'ai retrouvé mes véritables amis, et je me garderai bien de les négliger.

MICHELIN.

Nous t'aimons bien, et nous sommes de bonnes gens.

ARMAND.

D'aimables, d'honnêtes gens que j'aime aussi de tout mon cœur.

MICHELIN.

Sortons..... Adieu, ma femme..... Embrasse donc notre ami.

Mad. MICHELIN, *en embrassant Armand.*

A ce soir.

ARMAND et MICHELIN, *ensemble.*

A ce soir.

SCENE VII.

Mad. MICHELIN, *seule.*

Enfin, me voilà libre... Respirons un moment... Ai-je assez souffert pendant ce cruel entretien?... Ce qu'ils ont dit de madame Renaud, ce que je me rappelle des discours de Richelieu... Oui... voilà ma rivale... ma rivale! et j'ose être jalouse! et je ne meurs pas de honte!... O Dieu! Dieu que j'implore, abrège mon supplice!... Si j'en crois mes secrets pressentimens, tu ne rejetteras pas ma prière.... Tout finira bientôt pour moi.

SCENE VIII.

Mad. MICHELIN, MARIE.

MARIE.

M. Armand et votre mari sont déjà loin. Je les ai suivis des yeux, il n'y a plus rien à craindre... Nous voilà seules... Descendons au magasin... Un bon congé au prétendu M. de la Fosse... et j'irai porter la lettre moi-même, il ne faut pas se servir d'une main étrangère...

Mad. MICHELIN.

Ah ! Marie ! quel sacrifice !

MARIE.

Il n'y a que celui-là qui puisse vous réconcilier avec vous-même... Du courage, ma bonne maîtresse ! Le plus sage fait des fautes. S'il se repent, tout est pardonné, et je ne désespère pas de vous rendre à la vie, à la raison, et peut-être encore au bonheur.

(*Madame Michelin sort appuyée sur Marie.*)

FIN DU PREMIER ACTE.

ACTE SECOND.

Le théâtre représente le cabinet de monsieur de Richelieu.

SCENE PREMIERE.

LA FOSSE, *seul, un paquet de lettres à la main, et rangeant des papiers.*

METTONS de l'ordre dans nos affaires.... Voici les billets doux de nos belles.... ceux reçus depuis hier au soir seulement.... Si mon maître lisoit tout ce fatras-là, s'il lui falloit répondre à toutes les balivernes, la journée entière ne seroit pas assez longue. C'est vraiment un métier pénible que celui d'être un homme à la mode... Heureusement pour lui, monsieur de Richelieu n'en prend qu'à son aise; c'est pour moi que sont les corvées... Et pourquoi ne suis-je que valet-de-chambre? il me semble que je mérite bien autant qu'Armand le titre de secrétaire? Il a le département des affaires contentieuses et politiques; moi, j'ai celui de l'amour; et avec mon maître, l'un est, pour le moins, aussi intéressant que l'autre. Armand voit les gens de loi, les ministres; il est au fait des affaires de l'Europe, à la bonne heure... mais, moi, j'ai le détail de toutes les intrigues amoureuses. Je sais l'art d'endormir un jaloux, d'enlever une femme à son mari, d'écarter les importuns, de tromper une mère... Mes bénéfices, il est vrai, sont très-raisonnables... mais la considération... (*Richelieu entre sur la scène, sans être apperçu de la Fosse, et l'écoute.*) Celle dont jouit Armand surpasse de beaucoup la portion qu'on m'en accorde, et certainement mes entreprises sont un peu plus périlleuses que les siennes... Mes épaules se rappellent encore un certain mari aussi vigoureux que mal élevé, qui, pour conserver sa chaste moitié... Ecartons un souvenir qui renouvelle mes douleurs. Mais ce qui journellement humilie mon orgueil, c'est que le secréfaire politique dine souvent à la table du maître, et que l'intendant des menus plaisirs mange comme un laquais à l'office.

SCENE II.

LE DUC DE RICHELIEU, LA FOSSE.

RICHELIEU.

Ce n'est pas avec raison que vous vous plaignez, monsieur l'intendant. Il me semble que les honoraires attachés à la charge que vous remplissez chez moi, devroient un peu vous dédommager de l'espèce de considération dont jouit Armand, et à laquelle vous auriez tort de prétendre. Quant à ce que vous obtenez quelquefois d'un mari qui ne sait pas vivre, cela entre, de nécessité, dans les émolumens inséparables de votre emploi.

LA FOSSE.

Et c'est là précisément ce que je voudrois que l'on en séparât. Mais, puisque vous m'écoutiez, convenez, monsieur, que vous avez les plaisirs, et moi toute la peine.

RICHELIEU.

Mais conviens donc aussi que j'ai fait ta réputation. On ne parle que de toi dans le monde. Ton nom a vraiment plus de célébrité que le mien; et tant qu'il y aura des jolies femmes à séduire et d'indociles maris à tromper, on se souviendra de l'immortel la Fosse.

LA FOSSE.

A la bonne heure... mais quelquefois cependant je suis fort dégoûté de mes droits à l'immortalité; je les achète un peu cher.

RICHELIEU.

On n'a rien sans peine. Le chemin de la gloire est toujours périlleux, il est semé d'écueils... Mais laissons cela, et parlons de nos affaires.

LA FOSSE, *lui présentant un gros paquet de lettres.*

Voici les missives de toutes les beautés attachées à votre char.

RICHELIEU.

Ah! bon dieu, c'est effrayant! Tu crois que je vais perdre mon tems à lire toutes ces fadaises-là?... Non, c'est un emploi que je laisse à mes héritiers; ils s'en amuseront après ma mort.

LA FOSSE.

Mais cependant, pour répondre, il faut bien que vous sachiez...

RICHELIEU.

Eh! non, ce n'est pas la peine; elles disent toutes à-peu-près la même chose... Rends-moi compte plutôt de l'effet de ma lettre sur la chère madame Michelin.

LA FOSSE.

Je lui ai présenté votre billet. Elle ne vouloit pas le recevoir, et sans la vieille bonne qui a bien voulu s'en charger...

RICHELIEU, *en riant.*

La vieille Marie?... c'est un caractère unique... Enfin, madame Michelin en est donc toujours aux remords? Je ne ferai jamais rien de cette femme-là. Elle m'aime à la folie, et se punit elle-même d'une faute dont je suis seul coupable.... Cela n'a pas le sens commun, en vérité c'est une femme inconcevable.

LA FOSSE.

Soit, mais charmante.

RICHELIEU.

Oh! charmante, c'est un fait. D'honneur ce n'est que chez ces petites gens-là que l'on trouve un commerce doux, facile, de la sensibilité, ce qu'on appelle des vertus, je suis forcé d en convenir. et c'est un tort de la nature. Quant à mon autre conquête bourgeoise, la majestueuse madame Renaud... elle n'est pas tout-à-fait aussi sentimentale, aussi timorée que la très-modeste madame Michelin... Mais elle a aussi ses petits préjugés, sa délicatesse... Elle a la prétention d'être aimée toute seule.

LA FOSSE.

Par monsieur de Richelieu?... Fi donc, c'est un ridicule.

RICHELIEU.

Est-ce qu'elle ne s'avise pas de craindre aussi le scandale ?

LA FOSSE.

Mais cette femme-là n'a donc pas de principes ?

RICHELIEU.

On lui en donnera. Cependant je tiens davantage à la Michelin... son mari l'aime à la fureur, et je crois que c'est ce qui m'attache à elle... et elle n'a pas répondu à ma lettre ?

LA FOSSE.

Non, monsieur.

RICHELIEU.

Ah ! de la tenue dans le caractère ! une vertu, des remords qui l'emporteroient sur l'amour que j'ai inspiré!... cela me pique... Il faut que je lui fasse une visite, il faut absolument que je renoue avec elle... Mais j'apperçois mon philosophe, va-t-en... si j'ai besoin de toi, je te sonnerai.

La Fosse sort.

SCENE III.

RICHELIEU, ARMAND.

RICHELIEU.

Eh bien, mon cher Armand, tu me revois après trois mois d'une campagne terrible.

ARMAND.

Et qui vous fait beaucoup d'honneur.

RICHELIEU.

Comment, diable ! un compliment ! voilà le premier que je reçois de toi depuis que nous vivons ensemble.

ARMAND.

Ce n'est pas ma faute.

RICHELIEU.

Sais-tu que tu as pris sur moi un ascendant dont je suis

quelquefois étonné moi-même? Dis-moi un peu d'où te vient l'assurance avec laquelle tu m'adresses souvent les vérités les plus dures?

ARMAND.

Du témoignage de ma conscience, qui ne me permettra jamais de soumettre votre honneur et le mien aux calculs de l'intérêt et à l'espoir de ma fortune.

RICHELIEU.

Cela est fort noble, sans contredit, mais cela n'est pas toujours fort amusant.... Quoi qu'il en soit enfin, aujourd'hui tu es content de moi, et tu trouves que je me suis bien comporté dans la dernière bataille?

ARMAND.

Parfaitement. La voix publique est pour vous, et c'est-là le suffrage que vous devriez toujours ambitionner. Vous avez autant d'esprit que de vaillance, un jugement sûr et rapide, ce calme sur-tout qui convient à la véritable intrépidité; vous commandiez des François, vous avez remporté la victoire; cela devoit être.

RICHELIEU.

Cette bataille a été terrible... Vingt mille hommes au moins restés sur le carreau.

ARMAND.

Vingt mille hommes!... et pourquoi?... C'est une affreuse chose que la guerre.

RICHELIEU.

Rien de plus horrible effectivement que l'aspect d'un champ de bataille, le lendemain d'une action... on est alors de sang-froid... Ce qui m'a fait le plus d'impression, c'est de voir les officiers morts, les militaires les plus distingués, enfin des hommes de marque, étendus sur la terre et confondus avec les plus simples soldats.

ARMAND.

Ah! c'est cela qui vous a frappé! En effet, les ennemis auroient dû distinguer le gentilhomme du roturier, et tuer les grands seigneurs dans un endroit à part.

RICHELIEU.

Tu plaisantes... Mais j'ai voulu dire que j'avois vu avec peine que des braves officiers qui venoient de répandre leur sang...

ARMAND.

Et celui des soldats, est-ce qu'il n'avoit pas coulé ?

RICHELIEU.

Parbleu ! je ne m'étonne pas si Voltaire t'a si bien recommandé. Tu es plein de son esprit philosophique, de son bel amour pour l'humanité... Mais changeons de propos; pendant mon absence, que s'est-il passé de nouveau ?

ARMAND.

Rien que ce que vous savez déjà... Vous êtes membre de l'académie française, vous remplacez Dangeau.

RICHELIEU, *en riant.*

Et cette nomination, sans doute, a fourni matière à tes réflexions ?

ARMAND, *en souriant malignement.*

Je n'en ai fait qu'une seule... c'est que M. de Voltaire a déjà produit cinq ou six chefs-d'œuvre, et que M. de Voltaire n'est pas encore académicien.

RICHELIEU.

Son tour viendra... Un homme de mon rang passe avant tout. Mais il faut que je songe à mon discours de réception.....

ARMAND.

Vous pouvez vous en dispenser. Vous en avez trois à choisir... Fontenelle, Destouches et Campistron vous ont, chacun, apporté le leur.

RICHELIEU, *négligemment.*

Ah ! je leur sais bon gré de cette attention... Je les lirai, et je donnerai la préférence à celui dont la tournure... Il ne faut pas cependant qu'un homme de ma sorte ait l'air d'écrire comme un simple littérateur... Par conséquent j'arrangerai, je corrigerai...

ARMAND.

Oh! alors on ne reconnoîtra pas le style de ces messieurs... N'ayez pas peur qu'on s'y trompe.

RICHELIEU.

Monsieur, il faut qu'on voie que, s'il le vouloit, un homme de ma classe écriroit aussi bien que Fontenelle; mais il est aussi dans les convenances qu'on s'apperçoive qu'il met à toutes ces misères-là une sorte de paresse, une certaine négligence....

ARMAND, *à demi-bas.*

Qui le dispensent même de savoir l'orthographe.

RICHELIEU.

Qu'est-ce que tu dis?

ARMAND, *en souriant.*

Oh! si vous étiez bien curieux de le savoir...

SCÈNE IV.

LA FOSSE, LES PRÉCÉDENS.

LA FOSSE, *annonçant.*

Madame Renaud.

RICHELIEU.

Madame Renaud?... qu'elle entre... je serai charmé de la voir... Une jolie femme arrive toujours à propos.

ARMAND.

Si vous avez quelques ordres à me donner?...

RICHELIEU.

Non, j'ai des affaires à terminer avec toi... et puis je veux que tu fasses connoissance avec madame Renaud... Ce n'est qu'une petite bourgeoise, mais d'honneur, c'est charmant. De la tournure, un grand air... Tu vas voir, tu vas voir.

SCENE V.

LES PRÉCÉDENS, Madame RENAUD, LA FOSSE, *qui approche un fauteuil à mad. Renaud.*

RICHELIEU, *allant au-devant de mad. Renaud, lui présentant la main, baisant la sienne respectueusement, et la conduisant au fauteuil que la Fosse lui avance.*

Vous, ici! vous, ma toute belle! Mais c'est un prodige! rien n'est aimable comme cela!

Mad. RENAUD.

J'ai dû m'empresser de rendre hommage au héros qui vient de triompher de tous nos ennemis.

RICHELIEU.

Epargnez ma modestie, je vous en conjure... Réservez-moi les félicitations pour le jour où je serai nommé ambassadeur.

Mad. RENAUD.

Vous visez à une ambassade?

RICHELIEU.

Et je suis à-peu-près sûr de réussir. De belles dames s'intéressent à moi, la place dépend du régent, et le régent ne refuse rien aux belles dames. Savez-vous bien que j'étois impatient de vous revoir?

Mad. RENAUD, *à demi-bas.*

Si j'en étois bien sûre, je pourrois espérer de conserver votre cœur.

RICHELIEU.

Comment? est-ce que, vraiment, vous tenez à mon cœur?

Mde. RENAUD, *à demi-bas, et avec un petit air de mécontentement, quoique souriant encore.*

La question est honnête... (*Haut, en appercevant Armand*) Mais... je crois reconnoitre... non, je ne me trompe pas... c'est M. Armand...

RICHELIEU.

Vous connoissez Armand ?

Mde. RENAUD.

J'ai eu le plaisir de rencontrer quelquefois monsieur chez une dame de mon voisinage.

ARMAND, *d'un air poli, mais froid.*

Depuis que j'ai l'honneur d'être chez M. le duc, mes devoirs, mes occupations ne m'ont pas permis de me présenter chez elle... cette dame étoit votre amie, à ce qu'il m'a paru dans le tems ?

Mde. RENAUD.

Et je crois qu'elle l'est encore... si je ne la vois plus aussi souvent..

ARMAND.

Elle vit fort retirée, et vous, madame, autant que je puis m'y connoitre, vous êtes à présent répandue dans le très-grand monde... L'état obscur et les principes de la dame dont vous me parlez, contrarieroient un peu l'essor brillant que l'on vous a fait prendre.

RICHELIEU, *malignement.*

C'est une méchanceté qu'il vous dit là au moins... mais ne vous en fâchez pas, il s'égaye aussi quelquefois sur mon compte.

Mde. RENAUD.

Monsieur ne me connoit point assez pour me juger, et je connois trop les principes de probité, d'honneur, qui le font généralement estimer, pour me fâcher contre lui.

RICHELIEU.

Oh ! c'est un homme dont je fais beaucoup de cas... Malheureusement ce n'est pas toujours avec de la probité que l'on fait son chemin dans le monde.

ARMAND.

Ce n'est pas la faute de la probité.

RICHELIEU, *bas à Mde. Renaud.*

Vous voyez bien que c'est un original... (*Haut à Armand.*) Mais, puisque tu es si délicat, que ne travailles-tu pour le théâtre ?

théâtre ? je te promets de faire jouer *par ordre* la première pièce que tu feras.

ARMAND.

Est-ce *par ordre* aussi que vous la ferez réussir ?... Non, monsieur, j'ignore ce que le sort me réserve, mais je ne veux au moins parvenir au bonheur et à quelque réputation, que par des moyens que je puisse avouer... Mais, monsieur, vous avez du monde, le tems s'écoule... vous ne ferez sûrement rien aujourd'hui... ainsi je vais... (*il s'apprête à se retirer.*)

RICHELIEU.

Eh non.. Mde. Renaud me permettra bien de finir quelques affaires...

Mde. RENAUD, *se levant pour sortir.*

Je ne voulois que vous voir, et me rappeller à votre souvenir... vous êtes occupé, je vais me retirer.

RICHELIEU.

Non, je vous dis, vous ne me gênez pas du tout, et ce n'est que l'affaire d'un moment. Je suis entièrement à vous dans deux minutes... d'ailleurs, cela ne nous empêchera pas de causer... restez... Armand, écrivez... (*Il dicte.*) « Mon très » aimable comte, enfin j'ai trouvé le moyen de jetter une dé» faveur complette sur le cher homme dont nous parlions » hier...

Mde. RENAUD.

Voilà un début qui promet.

RICHELIEU.

La Fosse, mets-toi là, prends une plume et écris.. (*à Madame Renaud.*) Mde. de Palmézi vient de m'adresser la lettre la plus tendre, et décemment je ne puis me dispenser de lui répondre.

Mde. RENAUD, *piquée.*

Je vous remercie de choisir le moment où je suis avec vous...

RICHELIEU.

Vous ne savez pas ce que je vais écrire... Es-tu prêt, la Fosse ? (*Il dicte.*) « Belle Palmézi, je reçois à l'instant la

» charmante lettre où vous me jurez de m'aimer éternelle-
» ment....

Mde. RENAUD.

Quoi ?

RICHELIEU.

Attendez donc la fin de l'épître... à propos.

(*Il lui parle à l'oreille.*)

ARMAND, *à part.*

Plus il trompe avec audace, plus il a d'insolence, et plus il est aimé !

RICHELIEU, *haut, à Mde. Renaud.*

Songez que je vous attends, et qu'il faut absolument que vous veniez ?

Mde. RENAUD, *d'un ton un peu sec.*

Cela n'est pas bien sûr.

RICHELIEU, *légèrement.*

Très-sûr, très-sûr...

(*à Armand.*)

A vous, mon philosophe. (*Il dicte.*) « Le cher homme dont
» nous parlions hier; toutes ses vertus ne le sauveront pas
» du ridicule que je prétends lui donner. »

Mde. RENAUD.

S'occuper en même tems d'une lettre d'affaire, et d'un billet galant ! quelle présence d'esprit !

RICHELIEU, *légèrement.*

Nouveau César, comme lui le front ceint de lauriers, je dicte à la fois plusieurs épîtres, et fais marcher ensemble les affaires et les plaisirs. (*Il dicte à la Fosse.*) » Belle Pal-
» mézi, je reçois à l'instant la charmante lettre où vous me
» jurez de m'aimer éternellement; en véritable ami, je ne
» vous conseille pas de me tenir parole; tout philosophe que
» je suis, l'éternité m'a toujours effrayé, et sur-tout en amour;
» ne comptez pas sur moi pour fournir avec vous la car-
» rière; en honneur, je ne me sens pas la force d'aller à moi-
» tié chemin. »

Mde. RENAUD.

Mais voilà un billet d'une impertinence!...

RICHELIEU.

Je sais ce que je fais... si je lui disois des douceurs, je cesserois de l'intéresser.

Mde. RENAUD, *avec dépit.*

Adieu.

RICHELIEU.

Restez donc, vous êtes folle, je vous expliquerai tout cela... ecrivez-vous, Armand? (*Il dicte*) « Toutes ses vertus ne le sauveront pas du ridicule que je prétends lui donner; mais elles le consoleront au sein de la philosophie, de la perte d'une place à laquelle il n'entend rien, et qui vous convient infiniment mieux qu'à lui ».

ARMAND.

Quoi, vous vous permettez?...

RICHELIEU.

Eh, mon ami, c'est l'usage.

Mde. RENAUD.

Mais le procédé est d'une perfidie...

RICHELIEU.

Vous êtes une femme charmante, et que j'aime à la folie, mais vous n'entendez rien aux affaires.

ARMAND, *indigné, et se levant pour s'en aller.*

Je n'y puis plus tenir.

RICHELIEU.

Armand, vous me ferez signer vos lettres avant que je sorte, car je ne rentrerai pas.

(*Armand sort.*)

(*A la Fosse.*) Toi, prépare-moi l'habit du matin le plus simple... tu m'entends?

(*La Fosse sort.*)

SCENE VI.

RICHELIEU, Mde. RENAUD.

RICHELIEU, *d'un ton caressant.*

Eh bien, qu'est-ce, vous boudez ! vous m'en voulez !

Mad. RENAUD.

Non... Mais je ne conçois pas comment on peut vous aimer, car vous êtes vraiment haïssable... il faut que les femmes soient folles... il faut que je le sois moi-même... et c'est ce qui me met au désespoir.

RICHELIEU, *du ton le plus galant.*

On n'est pas plus aimable, et je ne puis que vous savoir gré même de vos injures; mais je vous ai promis de vous expliquer les motifs de ma conduite, et je vais le faire ; je passe sur ma lettre au lieutenant de police : ce qui vous intéresse le plus, ce sont mes relations avec de belles dames, et c'est à cela que j'en veux venir ; je suis jeune, j'ai de l'ambition ; on ne réussit dans le monde que par les femmes ; c'est donc aux femmes qu'il m'importe de plaire; on n'émeut leur sensibilité, on ne pique leur amour-propre qu'en leur offrant des obstacles à surmonter ; on ne les captive qu'en leur présentant des rivales à vaincre, et c'est ce qui m'oblige à multiplier mes triomphes... mais mon cœur, ce cœur que vous accusez de ne savoir point aimer, mon cœur est plus susceptible que vous ne croyez d'un véritable attachement, mon cœur n'existe que pour un seul objet, et c'est la belle, la sensible Renaud, toute injuste qu'elle est, qui s'en est emparé la première, qui le rend indifférent pour tout ce qui n'est point elle, et qui seule y règne sans partage.

Mad. RENAUD, *avec sentiment.*

Vous me trompez, j'en suis sûre... mais, ingrat, tel est votre ascendant sur moi, que je vois l'artifice et ne puis me défendre d'en être la victime... cependant, grace à vous, je n'ose plus me présenter chez mes meilleurs amis... je crains de les faire rougir.

RICHELIEU.

Quels sont donc ces amis scrupuleux dont vous redoutez si fort les jugemens et la sévérité ?

Mad. RENAUD, *en soupirant.*

La liaison que je regrette le plus, est celle que j'avois avec cette femme dont votre secrétaire me parloit tout-à-l'heure... femme véritablement estimable et dont l'amitié fit long-tems mon bonheur.

RICHELIEU, *vivement.*

Est-elle jolie ?

Mad. RENAUD.

Charmante... mais sage, mais attachée à ses devoirs, à son époux... un modèle enfin que j'aurois dû toujours imiter.

RICHELIEU.

Une femme attachée à ses devoirs, à son mari, un modèle... mais savez-vous qu'il n'y a rien de plus vénérable, et que vous piquez ma curiosité ? il faut que vous me disiez son nom, et je me charge, moi, de vous racommoder avec elle.

Mad. RENAUD, *en souriant.*

Non, monsieur, non, je l'aime encore et je la respecte trop pour l'exposer au malheur de vous connoitre.

RICHELIEU.

Ah ! voilà un procédé d'une rigueur... mais quel bruit entends-je là dedans ? qu'est-ce qu'il y a donc ?... on se dispute, je crois...

Mad. RENAUD.

Sonnez et demandez ?...

LA FOSSE, *bas à Richelieu.*

Monseigneur, Marie est là qui fait un tapage affreux, elle veut vous voir, et apporte une lettre qu'elle veut ne remettre qu'à vous.

RICHELIEU.

Qu'elle entre... certainement si je suis visible pour quelqu'un, c'est pour la chère Marie.

SCENE VII.

MAD. RENAUD, RICHELIEU, MARIE, DEUX OU TROIS DOMESTIQUES.

MARIE. (*Elle entre brusquement et se débat au milieu des laquais qui veulent l'empêcher d'ouvrir la porte.*)

Ah ! mon dieu ! que d'embarras ! que de peine pour parler à un homme ! (*à Richelieu.*) Pardi ! vous avez là autour de vous des gens bien mal élevés.

RICHELIEU.

Eh ! c'est toi, ma pauvre Marie ?

Mad. RENAUD, *très-étonnée et à part.*

Marie ! juste ciel !

RICHELIEU, *à part.*

La voilà donc enfin dans notre confidence... (*aux laquais.*) Retirez-vous.

Eh bien, ma chère Marie, dis-moi ce qui t'amène ?

MARIE.

Une commission à faire, et je la fais. (*Elle lui remet la lettre de madame Michelin.*) Prenez et lisez. (*Elle tire à elle un grand fauteuil.*) Il faut que je m'asseye... je n'en puis plus. Il y a si loin de chez nous chez vous...

RICHELIEU, *en riant.*

Ne te gêne pas.

MARIE, *s'étalant dans le fauteuil.*

C'est ce que je fais.

RICHELIEU, *bas à madame Renaud qui s'est détournée pour n'être point vue par Marie.*

Cette femme que vous voyez là n'appartiendroit-elle point, par aventure, à la charmante et vertueuse voisine dont vous regrettez si fort le commerce aimable et la tendre amitié ?

Mad. RENAUD.

Vous êtes un monstre !

MARIE.

Ah ! ça, vous causerez demain ; dépêchez-moi, s'il vous plait. Mes momens sont comptés à moi, j'ai mon ménage à faire. Y a-t-il une réponse ? m'en chargerez-vous ? allons vite, j'ai hâte.

RICHELIEU.

Donne-toi du moins le tems de respirer... comment se porte la belle madame Michelin ?

MARIE, *se levant précipitamment et lui parlant bas.*

Vous pourriez bien vous dispenser de la nommer devant une étrangère...

RICHELIEU.

Etrangère ? madame ? oh non, nous sommes en pays de connoissances. madame est l'amie de ta maitresse... (*Il prend doucement madame Renaud par le bras et la tourne du côté de Marie.*) Tiens, regarde.

MARIE, *reculant avec surprise.*

Madame Renaud !

Mad. RENAUD, *d'un ton un peu ironique.*

Je ne croyois pas, Marie, vous rencontrer ici.

MARIE, *d'un ton aigre.*

Et je ne m'attendois pas à vous y trouver, madame.

Mad. RENAUD, *toujours avec ironie.*

J'étois si loin de présumer que Madame Michelin eut quelques motifs pour vous envoyer chez M. le duc de Richelieu...

MARIE, *avec aigreur.*

Qu'est-ce que c'est que motif ?... qu'entendez-vous par-là, s'il vous plait ? il n'y a pas de motif, madame... madame Michelin est une femme respectable.

Mad. RENAUD, *en souriant.*

Et que je respecte infiniment... Il y a long-tems que je ne me suis présentée chez elle, elle doit m'en vouloir.

MARIE.

Elle ? ah ! pas du tout. Madame Michelin ne s'est seulement pas apperçue de votre absence.

Mad. RENAUD.

Le ton dont vous me le dites m'assure le contraire... mais j'irai la voir... aujourd'hui même... la circonstance m'en inspire le courage, et je lui demanderai s'il est vrai que j'aie perdu tous mes droits à son amitié.

MARIE.

Son amitié ? ah ! ce n'est pas celle-là qui vous met en peine.

RICHELIEU. (*Il les a écoutées en souriant malignement, et le ton sérieux qu'il prend pour leur parler doit encore marquer sa perfidie.*)

Je vois que vous vous trompez toutes deux... (*à Marie.*) Madame ne vient ici que pour l'intérêt d'un ami auquel mon crédit peut faire obtenir une place qu'il sollicite... (*à madame Renaud.*) Je ne connois madame Michelin que par les rapports que j'ai eus avec son mari, lorsque j'ai fait meubler ma petite maison du faubourg saint-Antoine Je suis même encore son débiteur, et la lettre qu'elle m'écrit n'est relative qu'à cela... Vous voyez que, toutes deux, vous avez porté un jugement téméraire, que l'aimable Michelin est aussi respectable à mes yeux que la charmante Renaud... et que je suis le scrupule et l'innocence même.

MARIE, *entre ses dents.*

Oh ! le bon hypocrite !

Mad. RENAUD, *bas à Richelieu.*

Que vous savez bien donner au mensonge les accens de la vérité !

RICHELIEU.

Vous direz à madame Michelin, ma chère Marie, que, pour le moment, je ne puis faire honneur au mémoire qu'elle me rappelle, mais que sûrement avant la fin du jour, je m'arrangerai de manière...

MARIE, *avec humeur.*

Oui, monsieur, oui, cela suffit. Je lui dirai ce que j'ai vu, ce que j'ai entendu...je lui dirai... (*entre ses dents.*) que je m'en vas, car la patience pourroit enfin m'échapper... (*avec une révérence bien sèche.*) Adieu, monsieur... madame, je vous salue... (*Elle sort.*)

SCENE VIII.

MAD. RENAUD, RICHELIEU.

RICHELIEU, *d'un ton caressant.*

J'espère que vous êtes sans inquiétude?

Mad. RENAUD.

S'il étoit possible d'ajouter foi à ce que vous dites?...

RICHELIEU.

Je serois assez faux, assez méchant pour vous tromper, vous que j'aime uniquement!...

SCENE IX.

LES PRÉCÉDENS, LA FOSSE.

LA FOSSE.

Monsieur, je crois qu'il est tems de vous habiller...

RICHELIEU.

Déjà?

Mad. RENAUD.

Je vous laisse.

RICHELIEU.

Ah ça, vous savez ce que je vous ai dit?... je compte sur vous, vous viendrez?

Mad. RENAUD.

Je ne le devrois pas... Mais un seul de vos regards triomphe de toute ma raison.

RICHELIEU.

Combien je sens le prix de tant d'amour?

Mad. RENAUD.

Ne revoyez donc plus madame Michelin!

RICHELIEU.

Mais je ne la vois point, je ne la connois pas, il ne tient qu'à vous de vous en convaincre... Voilà sa lettre, lisez-la.

Mad. RENAUD, *la refusant.*

Non, ce seroit une preuve de défiance injurieuse et pour vous et pour moi... Je vous en crois, et je suis tranquille.

RICHELIEU.

A souper, je vous attends...

Mad. RENAUD, *tendrement.*

Le jour va me paroître éternel!...

RICHELIEU, *de même.*

Que n'en puis-je abréger les instans.... Mais malheureusement l'amour ne fait plus de prodiges.

Mad. RENAUD.

Et voilà ce qui me fait désespérer de vous voir jamais raisonnable... (*Il veut l'accompagner.*) Restez, restez... Point de façons. (*Elle sort.*)

SCENE X.

RICHELIEU, LA FOSSE.

RICHELIEU, *ayant l'air de respirer après une longue fatigue.*

Enfin, la voilà partie! Ses visites sont d'une longueur...

LA FOSSE.

Je vous croyois un peu de goût pour elle?

RICHELIEU.

Oh! mon Dieu, non, je ne m'en soucie plus du tout... Mais je voudrois rompre avec elle d'une manière un peu saillante... j'attends le moment.

LA FOSSE.

A la bonne heure... Vous suivrai-je, monsieur?

RICHELIEU, *commençant sa toilette.*

Non, sûrement... Je n'avois pas intention de voir aujourd'hui la belle et scrupuleuse Michelin, mais elle m'écrit qu'elle renonce à moi, elle me défend de paroître chez elle... C'est pourquoi j'y vais de ce pas.

LA FOSSE.

Ainsi donc, me voilà libre, et je puis disposer de toute ma journée.

RICHELIEU.

Ah! coquin... Tu vas aller voir ta belle .. Il faut que tu me la fasses connoître...

LA FOSSE.

Vous aurez la bonté de permettre qu'il n'en soit rien. Je me souviens du tour que vous avez joué à mon prédécesseur qui eut la maladresse de vous présenter l'objet de ses amours... Ma délicatesse...

RICHELIEU.

Ah! j'aime bien la délicatesse de M. la Fosse... (*Il se regarde devant une glace.*) Me trouves-tu mis assez simplement comme cela? Car enfin je suis la Fosse aujourd'hui, il faut que je te représente.

LA FOSSE.

En ce cas, vous ne sauriez avoir trop bonne mine.

RICHELIEU.

Le fat!... Oh! oui, je puis rester comme cela, et me voilà, pour toute la journée, habitant de la rue Saint-Antoine; car sûrement le bon Michelin, que rien ne désabuse sur ma métamorphose. va m'inviter à dîner avec sa repentante épouse... On est en colère, on a des remords, il faudra calmer l'orage, cela demandera du tems... Tu ne me reverras ce soir que fort tard.

LA FOSSE, *entre ses dents.*

Tant mieux.

RICHELIEU.

C'est une corvée, mais en revanche aussi, demain, je me lance dans le grand monde... Nouveau Mercure, j'ai pris pour aujourd'hui l'impertinente figure de Sosie...

Demain, las de porter un visage aussi laid,
Je veux aller au ciel, avec de l'ambroisie
M'en débarbouiller tout-à-fait.

LA FOSSE, *à part.*

Quand pourrai-je être insolent comme cela sans danger?

RICHELIEU.

Qui donc vient encore ? Ah ! c'est Armand.

SCÈNE XI.

LES PRÉCÉDENS, ARMAND.

ARMAND, *tenant un paquet de lettres ouvertes.*

Monsieur, voici vos lettres à signer.

RICHELIEU.

Donne vite, je suis pressé... (*Il signe debout.*) Mais je ne vois pas celle relative à cet homme en place que j'ai résolu de faire disgracier ?

ARMAND, *froidement.*

Je le crois bien, elle n'y est pas.

RICHELIEU.

Et pourquoi n'y est-elle pas ?... Je l'ai dictée.

ARMAND, *plus froidement encore.*

Oui, mais je ne l'ai pas écrite.

RICHELIEU.

Pourriez-vous m'en dire la raison.

ARMAND.

Parce qu'il s'ágit d'une action peu louable, et que j'ai voulu vous laisser le tems de la réflexion.

RICHELIEU.

Comment, une action peu louable ?

ARMAND.

Je ne sais ni taire, ni farder la vérité.

RICHELIEU.

Mais, je vous réponds que c'est un service que je rends à ce cher homme-là. Entièrement livré à la philosophie, il est déplacé tout-à-fait à la cour. Tout l'y contrarie, et il y contrarie tout le monde. Il sera beaucoup plus heureux dans ses terres.

ARMAND.

Mais, est-ce une raison pour lui donner un ridicule qu'il ne mérite pas, et pour le chasser de sa place ?

RICHELIEU.

Savez-vous, monsieur, que l'on ne reste pas chez moi, lorsqu'on a la hardiesse...

ARMAND.

Je vais donc en sortir de ce pas, car je ne vous parlerai jamais un autre langage... adieu, monsieur.

RICHELIEU. (*Il lui échappe un mouvement de colère qu'il reprime aussi-tôt, il regarde Armand de côté, observe un moment le silence et dit ensuite avec une sorte de résignation*).

Qui vous dit de vous retirer... j'écrirai la lettre moi-même... mais, je vous le répète, vous n'êtes pas sans mérite, et cependant vous n'avancerez pas dans le monde.

ARMAND, *très-modestement.*

J'ai pris mon parti là-dessus.

RICHELIEU.

Avant que je sorte, écoute, la Fosse... si, par hasard, je ne rentrois pas ce soir, il ne faut pas oublier d'envoyer ma voiture verte, avec deux laquais en livrée, dans la rue de Grenelle. Ils passeront la nuit à la porte de cette jolie dévote que tu connois bien... Je n'y mettrai pas les pieds... mais personne encore ne sait rien de mon intrigue avec elle, et il faut au moins mettre un peu le public dans ma confidence.

LA FOSSE, *à part.*

Voilà l'honneur d'une femme en bonnes mains.

RICHELIEU.

Réponds aussi pour moi à ceux de ces billets doux qui te paroîtront en mériter la peine... dis ce que tu voudras, tout sera bon... et dispose de moi... seulement pour deux jours dans la semaine... Oh! je veux vivre vieux, j'ai de l'ordre. (*Armand ne l'écoute pas et range des papiers sur un bureau.*) Adieu, M. Armand... je ne vous en veux pas du tout, et je vous aime toujours, quoique vous me traitiez un peu rigoureusement.

(*Il sort et la Fosse le suit.*)

SCÈNE XII.

ARMAND, *seul.*

Ah! M. de Richelieu, je ne prévois pas que nos caractères puissent sympatiser long-tems! mais tant que je serai près de vous, si je ne réussis pas toujours à vous porter au bien, j'emploierai du moins tous mes efforts à vous empêcher de faire le mal.

FIN DU SECOND ACTE.

ACTE TROISIEME.

Même décoration qu'au premier acte.

SCENE PREMIERE.

M. ET MAD. MICHELIN.

MICHELIN.

Je te dis que l'on ne parle d'autre chose, c'est plus fort que jamais. J'ai couru dans le quartier une partie de la matinée, et les voisins assurent avoir encore vu aujourd'hui, vers les neuf heures du matin, roder près d'ici un des gens de M. de Richelieu.. Je voudrois bien deviner quelle est la beauté mystérieuse... Je lis dans tes yeux que tu blâmes ma curiosité... Mais que veux-tu? une jolie femme, une anecdote scandaleuse, cela a toujours quelque chose de piquant, cela nous intéresse toujours, nous autres hommes... Tiens, tu as beau dire, madame Renaud ne me sort pas de la tête. Je gagerois tout ce que je possède qu'elle est l'héroïne du roman en question... Pas de réponse ?... depuis quelque tems tu ne parles plus, tu es triste, silencieuse.. je crois que tu ne m'aimes plus... encore des larmes!... ah! je ne dis pas cela pour t'affliger... je ne fais point de reproches, m'en préserve le ciel!... Allons, allons, calme-toi... je descends au magasin, et te laisse un moment à toi-même... songe que tu es tout pour moi, et que mon bonheur, que ma tranquillité, que ma vie, sont attachés à la possession de ton cœur, à ton amour, à ta félicité.

(*Il sort.*)

SCENE II.

MAD. MICHELIN, *seule.*

Il est impossible que je résiste long-tems à des chocs aussi multipliés... les bontés de cet homme respectable, le tendre intérêt qui l'anime pour moi, ses regards pleins d'amour, ses discours, ses caresses, sont des coups de poignard dont il perce mon cœur... Dieu ! quel sort est le mien ! j'ignore si l'on peut être plus coupable, mais on n'est pas plus malheureuse... et Marie qui ne revient point... je suis sur un brasier ardent... comment aura-t-il reçu ma lettre ? quelle réponse y fera-t-il?... j'entends du bruit... on vient... ah ! la voilà... que vais-je apprendre ?

SCENE III.

Mad. MICHELIN, MARIE.

Mad. MICHELIN.

C'est toi, ma pauvre Marie ! avec quelle impatience j'attendois ton retour ! eh bien? tu l'as vu ? tu lui as parlé ? quelle impression ma lettre a-t-elle produite sur son cœur ? qu'a-t-il fait ? qu'a-t-il dit ?... réponds-moi donc.

MARIE.

Donnez-m'en donc le tems... c'est un scélérat que votre Richelieu... devinez qui j'ai trouvé, dans son cabinet, assis familièrement à côté de lui ?

Mad. MICHELIN.

Qui donc ?

MARIE.

Madame Renaud.

Mad. MICHELIN.

Madame Renaud.

MARIE.

Elle-même.

Mad. MICHELIN.

Il est donc vrai ! je n'en puis plus douter.

MARIE.

Je donne ma lettre à M. de Richelieu. . .

Mad. MICHELIN, *vivement.*

Il l'a lit ?.....

MARIE.

MARIE.

Dites donc qu'il la parcourt en levant les épaules, puis il me demande comment vous vous portez, et sans attendre ma réponse, il se remet à chuchoter, à ricaner avec la belle madame Renaud... la colère m'étouffoit, je ne pouvois plus parler... Enfin il m'a fait une réponse à laquelle je n'ai rien compris, et moi alors de lever le siège, de dire un adieu bien sec à la dame, de faire une révérence bien courte au monsieur, et de m'en aller plus vite que je n'étois venue... Voilà l'histoire de ma visite.

Mad. MICHELIN, *douloureusement.*

Ne pas daigner lire mon billet ! ne rien répondre ! me compromettre devant une femme...

MARIE.

Qui est votre rivale, n'en doutez pas, et qui dans l'accès de sa jalousie, ne manquera pas d'aller, de voisins en voisins, raconter ce qu'elle sait et ce qu'elle ne sait pas... vous pleurez ma pauvre maîtresse !

Mad. MICHELIN.

Oui, je pleure, et mes larmes, des larmes de sang n'expieront jamais l'affreuse erreur dont je suis victime... ma réputation est perdue, mon repos à jamais détruit... j'aurai fait la honte et le malheur de l'époux le plus respectable ... il faut mourir.

MARIE, *vivement.*

Que dites-vous donc là ?... vous vivrez, vous cesserez d'aimer un ingrat, un perfide...

Mad. MICHELIN, *désespérée.*

Jamais, jamais.

MARIE.

Songez donc que vous ne pouvez plus l'estimer...

Mad. MICHELIN.

Je le méprise et je l'adore.

MARIE.

Quoi ? sa scélératesse ?...

Mad. MICHELIN.

Me coutera la vie, avant d'éteindre mon amour.

MARIE.

Mais c'est donc pis qu'un sort qu'une maudite passion comme celle-là... (*On entend frapper fortement.*) Qui frappe donc si fort? celui-là n'a pas envie de rester à la porte, il se fait entendre.

(*Elle sort.*)

SCENE IV.

Mad. MICHELIN, *seule.*

Richelieu! Richelieu! Ah! je rends graces à tes mépris..... Je ne te verrai plus, et je mourrai du moins toute entière à mon repentir.

SCENE V.

MARIE, Mad. MICHELIN.

MARIE, *accourant.*

Sortez, madame, sortez vite, sauvez-vous... c'est M. de Richelieu.

Mad. MICHELIN.

Lui! juste ciel!... fuyons.... Je ne puis... mes forces m'abandonnent... mes pas sont enchaînés... Soutiens-moi... je me meurs.

SCENE VI.

LES PRÉCÉDENS, RICHELIEU.

RICHELIEU, *de l'air le plus tendre et le plus empressé.*

C'est vous! c'est vous enfin, mon adorable amie! (*Mad. Michelin fait un effort pour se lever du fauteuil où elle étoit assise, veut éviter Richelieu, et marche vers la porte.*) Mais, grand Dieu! dans quel état je vous revois! quelle pâleur! quel tremblement! Qu'avez-vous donc?

Mad. MICHELIN, *d'une voix éteinte.*

Je n'ai rien... rien... monsieur... Permettez...

RICHELIEU.

(*Il la prend sous un bras, tandis que Marie la soutient de l'autre.*)

Vous vous soutenez à peine... asseyez-vous...

MARIE, *le repoussant.*

Laissez donc, monsieur... je conduirai bien madame jusqu'au fauteuil... je suis bien assez forte pour cela, peut-être...

Mad. MICHELIN, *saisissant Marie par le bras.*

Marie, ne me quittez pas...

MARIE.

Oh! n'ayez pas peur.

RICHELIEU.

Son état m'alarme, il faudroit des secours...

MARIE.

(*Elle détache la main de Richelieu de la main de mad. Michelin, dont il s'est emparé.*)

Nous allons en avoir... (*Elle appelle.*) M. Michelin!

RICHELIEU, *voulant la faire taire.*

Eh non, ce n'est pas cela... (*Il fouille dans ses poches pour y chercher un flacon.*) Quelques sels... des eaux spiritueuses...

MARIE, *brusquement.*

C'est monsieur Michelin qu'il nous faut... (*Elle appelle.*) M. Michelin!

RICHELIEU.

Mais finissez donc, Marie!

MARIE, *criant de toutes ses forces.*

Monsieur Michelin!

RICHELIEU, *à Marie.*

Te tairas-tu? (*A mad. Michelin.*) Je viens pour me justifier...

Mad. MICHELIN, *le repoussant.*

Laissez-moi... laissez-moi...

MARIE, *appellant.*

Monsieur Michelin... Voilà monsieur, je l'entends qui monte... (*A Richelieu.*) Ah! je suis aussi fine que vous!

RICHELIEU.

Que le ciel te confonde!

SCENE VII.

LES PRÉCÉDENS, MICHELIN.

MARIE.

Eh! arrivez donc, monsieur!

MICHELIN.

Qu'as-tu donc à crier comme cela?

MARIE.

Ce que j'ai?... madame, d'un côté qui se trouve mal... et de l'autre, monsieur... de la Fosse, qui demande à vous voir.

MICHELIN.

Bon jour, la Fosse... Que t'est-il donc arrivé, ma chère amie?

Mad. MICHELIN, *d'une voix éteinte.*

Un étourdissement... une foiblesse totale... Les forces m'ont manqué tout-à-coup... mais cela va mieux... beaucoup mieux.

MICHELIN.

Tu me rassures... Marie m'avoit effrayé par ses cris... Descends au magasin, où il n'y a personne en ce moment. Pardon, mon cher la Fosse, je devois mes premiers soins à ma femme... Soyez le bien venu, mon ami. Il y a trois mois au moins que nous ne vous avons vu ?

RICHELIEU.

Est-ce que je n'ai pas été obligé de suivre mon maître à l'armée ?

MICHELIN.

Ah ! c'est vrai, je n'y avois pas pensé.

RICHELIEU.

De retour à Paris, vous avez ma première visite, et je viens me dédommager auprès de vous d'une absence pénible et des fatigues de la guerre... Quand je suis entré ici... (*Il s'approche de mad. Michelin, qui est toujours assise, et vers laquelle il se penche avec l'air du plus vif intérêt.*) j'ai trouvé madame... dans un état... (*Penché vers elle comme pour lire dans ses yeux quel est, au juste, l'état de sa santé, il lui dit tout bas.*) Il faut que je vous parle... (*Haut, en se retournant de la tête seulement vers Michelin.*) Dans un état qui m'a effrayé... (*Il se baisse vers elle.*) Heureusement je m'apperçois à présent... (*Bas à mad. Michelin.*) Que je vous parle seul... (*Retournant la tête du côté de Michelin.*) Oh oui... la pâleur s'efface... les yeux se raniment... madame est beaucoup mieux... (*Bas, à mad. Michelin.*) J'ai mille choses à vous dire. (*D'un ton sentimental, et prenant à mad. Michelin une main qu'elle cherche à retirer.*) Cette chère et respectable femme !.. C'est qu'en vérité j'ai pour elle... (*Il se retourne prestement vers Michelin, dont il saisit la main*) Pour vous deux, mes amis, un attachement si vrai, si tendre... Non, d'honneur, vous n'imaginez pas combien je vous aime !

MICHELIN.

Et nous donc, la Fosse ?... supposeriez-vous que nous ne vous payons pas de retour ?... Soit habitude de voir des gens bien nés, soit que la nature vous ait traité plus favorablement qu'un autre, vous avez dans l'esprit une grace, une délicatesse, une aisance dans les manières, une façon d'être enfin toute aimable, et que je n'ai presque rencontrée que chez vous... n'est-ce pas, ma femme ?

Madame Michelin ne répond que par une inclination de tête, mais sans lever les yeux.

RICHELIEU.

Prenez garde au moins, vous allez me donner de l'orgueil.. Heureusement pour moi, madame m'avertit, par son silence, qu'il faut rabattre un peu de la bonne opinion que vous voudriez me donner de moi-même...

MICHELIN.

Ma femme? elle pense comme moi sur votre compte. Vingt fois elle m'a fait votre éloge.

Mad. MICHELIN, *très-embarrassée.*

Moi?

SCENE VIII.

MAD. MICHELIN, RICHELIEU, MICHELIN.

MICHELIN.

Enfin la paix vous ramène au sein de vos foyers! On dit que votre maitre s'est fort bien comporté dans toutes les batailles que nous avons livrées?

RICHELIEU.

Il n'a fait que son devoir.

MICHELIN.

Non, l'on assure que cette campagne-ci lui fait beaucoup d'honneur... C'est vraiment un être extraordinaire que votre maitre? Il n'est pas d'homme plus aimable, à ce que l'on dit encore?

RICHELIEU.

Il passe pour tel aux yeux de bien des gens.

MICHELIN.

Je voudrois bien connoître sa personne! il est inconcevable qu'ayant eu avec lui des rapports aussi directs, puisque je lui ai fourni pour plus de cent mille francs de meubles, il ne m'ait jamais été possible de parvenir jusqu'à lui... Est-ce qu'il ne parle jamais à ceux qu'il emploie?

RICHELIEU.

Pardonnez-moi... mais il a quelquefois des bisarreries... c'est, comme on vous l'a dit, un homme fort singulier.

MICHELIN, *à sa femme.*

Tu ne le connois pas non plus, toi?

Mad. MICHELIN, *fort embarrassée.*

Le hasard... me l'a fait rencontrer.

MICHELIN, *à Richelieu.*

Est-ce un bel homme?

RICHELIEU, *avec un sourire malin.*

Puisque madame l'a vu, elle peut mieux que moi décider la question... c'est aux hommes de juger les femmes, et aux femmes de prononcer sur les hommes.

Mad. MICHELIN, *sans oser lever les yeux, mais avec un sentiment profond.*

C'est leur cœur sur-tout qu'il importeroit de connoître... les dehors les plus heureux ne leur servent souvent qu'à nous en déguiser la perversité.

MICHELIN.

Ce qui pourroit fort bien s'appliquer à l'homme dont nous parlons; car nous sommes liés avec quelqu'un qui vit habituellement auprès de M. de Richelieu, et qui n'en dit pas tout le bien possible, il nous le peignait encore ce matin comme un homme sans mœurs, sans principes...

RICHELIEU, *vivement et en riant.*

Comment, sans principes? oh! il en a... chacun a les siens.

MICHELIN, *en riant aussi.*

Oui, mais il y a bons et mauvais principes... On m'a cité de lui des traits qui ne font pas honneur à son cœur.

RICHELIEU.

De qui ne médit-on pas... dans ce bas-monde on vit de calomnies.

MICHELIN.

Pardonnez-moi... ces détails-là me viennent d'une bouche incapable de mensonge.

RICHELIEU, *s'oubliant.*

Quel est donc l'insolent ?...

MICHELIN.

Comme vous prenez feu !... allons, ce mouvement de vivacité prouve que vous aimez votre maître... cela est d'une belle ame.

Mad. MICHELIN, *à part.*

Il m'a fait trembler !

RICHELIEU, *à part, en riant.*

J'ai pensé me trahir.

MICHELIN.

Après tout, que nous fait ce que peut être, ou ce que n'est pas M. de Richelieu. Je ne le connois point, et je crois que je ne le connoîtrai jamais ; le bonheur de sa vie est, dit-on, de désunir des époux, de troubler des ménages... et vous sentez que moi, simple artisan, mais heureux, mais honnête, adorant une femme dont je suis aimé, renfermé dans mon petit intérieur au sein de l'amour et de l'amitié, je ne puis que m'applaudir de l'obscurité qui me dérobe à cet adroit et dangereux séducteur.

Mad. MICHELIN, *à part.*

Suis-je assez confondue ?

RICHELIEU.

Il me paroît, comme vous me le disiez tout-à-l'heure, que ce n'est pas en beau que l'on vous a peint, M. de Richelieu ; mais sur quoi lui fait-on son procès ? quoi ? parce qu'il n'aura pas rencontré vainement quelques femmes un peu crédules, parce qu'il aura trouvé quelques maris bien confians, bien dupes...

MICHELIN, *vivement.*

Et vous aussi, vous riez de cela ? comment, parce qu'une femme est foible et crédule, il faut la tromper ? parce qu'un mari croit à la vertu de sa femme, il faut le déshonorer, le livrer au ridicule ? Voilà une bien singulière morale ! et à la vertu, à la probité de qui croira-t-on, si ce n'est pas à celle de l'objet qu'on aime par dessus tout ? Je parle de cela, sans doute, en homme qui n'a point à craindre un pareil malheur... mais je le dis hardiment, et comme je le pense, tout séducteur est un être méprisable, toute femme séduite est à plaindre, et tout mari trompé n'est ridicule qu'aux yeux d'un Richelieu, ou pour des méchans qui lui ressemblent.

RICHELIEU, *avec un sourire ironique et méchant.*

Je suis sûr que madame est de votre avis.

Mad. MICHELIN, *avec une sorte de fermeté.*

Oui, monsieur... excepté sur ce qui concerne la femme prétendue séduite... on ne séduit que celles qui n'ont pas voulu résister... Cette femme a violé des sermens sacrés, a détruit le bonheur de son mari, s'est manqué à elle-même... cette femme est véritablement coupable... elle doit être dévouée à l'opprobre, aux remords... c'est vainement qu'elle saura dérober sa honte à l'œil vigilant d'un époux, aux regards curieux des hommes... elle n'échappera point à sa conscience.

RICHELIEU, *gaiement.*

Savez-vous bien que vous me faites faire ici un cours de morale, à moi, et qui certainement ne sera pas perdu... cependant épargnons un peu M. de Richelieu... Pour des gens aussi scrupuleux, aussi charitables que vous, il n'est pas tout-à-fait bien de médire ainsi de son prochain.

MICHELIN.

Ah! il ne faut pas que ce que je viens de vous dire de votre maître, vous indispose contre moi.. je ne vous confonds pas avec lui; les reproches quo je lui fais...

RICHELIEU, *d'un air très-détaché.*

Ah! mon dieu! je n'y pense pas... je cherche à me rappeller une commission dont il m'a chargée, et qui vous regarde... ah!... il voudroit un joli meuble pour une chambre à coucher... il lui faut aussi des glaces et tout ce que vous avez de plus beau.

Mad. MICHELIN, *à part.*

Quelle adresse perfide!

MICHELIN.

La couleur du meuble?... et de quelle hauteur les glaces?...

RICHELIEU.

Oh ! la couleur... ma foi, celle que vous voudriez... quant aux glaces... six pieds sur quatre.

MICHELIN.

Je crois avoir dans mon magasin précisément ce qu'il vous faut...'un meuble qui conviendra à merveille...

RICHELIEU, *en riant.*

Ah ! voyez, je vous en prie...

MICHELIN.

Je descends et reviens vous rendre réponse à l'instant.

Mad. MICHELIN, *vivement.*

Je vais t'accompagner pour t'aider...

MICHELIN.

Non, ma bonne amie, je n'ai pas besoin de toi... reste... tiens compagnie à la Fosse... je reviens dans la minute.

Mad. MICHELIN, *insistant fortement.*

Mais il est indispensable que j'aille avec vous...

RICHELIEU, *avec galanterie.*

Comment, madame, vous me laisseriez seul ?

MICHELIN.

Demeure, te dis-je... je ne suis qu'un moment.

(*Il sort.*)

SCÈNE IX.

MAD. MICHELIN, RICHELIEU.

Mad. MICHELIN, *à part.*

Ah ! Dieu !

RICHELIEU.

Enfin, nous sommes libres... Je puis me jetter à vos pieds, et vous supplier de m'entendre...

Mad. MICHELIN.

Levez-vous, monsieur, je vous en conjure, et vous-même faites-moi la grace de m'écouter... Voici, peut-être, le dernier instant où je puis vous parler... C'est contre mon vœu que le hasard l'a fait naître... Mais je dois en profiter.

RICHELIEU.

Vous m'effrayez, d'honneur... Ce ton grave et solemnel...

Mad. MICHELIN.

L'ironie est déplacée, et vous m'avez rendu assez malheureuse pour que j'aie au moins quelque droit à votre pitié... (*Richelieu fait un mouvement pour répondre, elle poursuit avec chaleur.*) Daignez m'écouter, monsieur, et ne consommez pas aux yeux des hommes la ruine d'une femme qui, sans vous, s'est meroit encore. Je ne vous rappellerai point votre crime et mon malheur... Mais depuis l'époque à jamais détestée où mes yeux ont rencontré les vôtres, je vis dans les larmes, je m'éteins au milieu des douleurs, je péris dévorée de remords... Pour comble de tourmens, il faut que je supplie le barbare qui se rit de mes pleurs et jouit de mon désespoir... Mais je ne dois plus vous voir, et malgré les vices trop connus de votre caractère, malgré votre insensibilité, et le plaisir affreux que vous prenez à multiplier vos victimes, s'il vous reste un sentiment d'honneur, vous devez renoncer à paroitre chez moi, ne pas me perdre aux yeux de mon époux, vous abstenir de toute démarche dont je serois l'objet, oublier jusqu'au malheur que j'eus de vous connoitre, et me laisser au moins la liberté de pleurer dans la solitude, et jusqu'au tombeau, vos crimes, mes erreurs et mon ignominie.

RICHELIEU, *du ton le plus sentimental.*

Et c'est à moi que s'adresse un langage aussi cruel ! Moi, je suis un barbare ! Moi ! je jouis de vos larmes !... Ah ! cette injustice est au-dessus de mes forces et m'arrache des pleurs... les seuls, peut-être, que j'aie jamais versés... Je ne chercherai point à excuser une jeunesse dissipée, et sans doute coupable... Oui, je fus inconstant, léger... Je n'avois pas connu l'amour ! mais je vous ai vue, et c'est pour jamais que mon cœur s'est fixé. Rappellez-vous ma conduite, voyez-moi, pendant plus de deux mois, déguisé sous ce modeste habit, passant, repassant devant votre maison, épiant le moment de vous voir, trop heureux quand je vous avois vue, suivant par-tout vos pas, me transportant par-tout où j'espérois vous rencontrer, renonçant à ma famille, aux devoirs de mon rang, abjurant toute espèce de plaisir... et ce n'est pas là de l'amour! et je suis un être barbare! et vous osez m'accuser d'insensibilité!

Mad. MICHELIN.

Ah! ce n'est pas à mon égard seul que vous êtes coupable... et madame Renaud?... et mon amie aussi que vous avez trompée?

RICHELIEU, *vivement.*

Ah! combien il me sera facile de me justifier!... je ne connois pas madame Renaud...

SCENE X.

LES PRÉCÉDENS, MARIE.

MARIE, *avec un mouvement de colère.*

Comment? il est encore là?

Mad. MICHELIN, *vivement et allant au-devant de Marie.*

Marie, tiens compagnie à monsieur; je vais rejoindre mon époux.

RICHELIEU, *se précipitant entr'elles deux et ramenant madame Michelin.*

Non, je ne souffrirai pas que vous me quittiez, avant d'avoir au moins entendu ma justification, et si vous ne voulez pas me réduire au désespoir...

MARIE.

Ah bien! oui, votre désespoir... Ah! vous êtes bien un homme à vous désespérer... Madame, il vous fera tous les sermens que vous voudrez, cela ne coûte rien à ces messieurs-là, mais n'en croyez pas un mot, il vous trompe: il pleurera même, pour rendre la chose plus touchante; car on dit que c'est encore là un de leurs talens... Gardez-vous d'en croire ses larmes, il vous trompe... Sa contenance affligée, ses longs soupirs, ses regards même qu'il lève au ciel, imposture, mensonge, trahison que tout cela... Quoi qu'il dise, ou qu'il fasse, il vous trompe, je le répète, et n'a d'autre but, d'autre plaisir que celui de vous tromper.

Mad. MICHELIN, *comme pour imposer silence à Marie.*

Marie!...

RICHELIEU, *avec vivacité.*

Non, madame, j'aime à voir le sincère attachement qu'elle a pour vous... Sa rigueur à mon égard redouble mon estime pour elle.

MARIE.

Eh bien! ne voudroit-il pas m'engeoler aussi, moi?... Au diable, au diable, je ne suis pas si facile à amadouer.

RICHELIEU.

Ah! j'apperçois Michelin! il ne me traitera peut-être pas avec tant de sévérité.

MARIE, *à part.*

Il n'y a pas moyen de parler devant celui-là.

SCÈNE XI.

LES PRÉCÉDENS, MICHELIN.

MICHELIN.

Je vous demande pardon, mon cher la Fosse, de vous avoir fait attendre.

RICHELIEU.

Auprès de madame on attend sans impatience.

MICHELIN.

J'ai tout ce qu'il vous faut. Il seroit nécessaire que vous vissiez les objets... Je les ferai sortir du magasin... Venez ce soir souper avec nous, et nous finirons cette affaire.

MARIE, *bas à madame Michelin.*

Empêchez donc ce souper-là.

RICHELIEU.

(*Il regarde de côté madame Michelin qui a les yeux baissés et demeure immobile.*) Je ne crois pas... devoir... accepter la proposition..

MARIE, *à part.*

Tant mieux.

MICHELIN.

Et pourquoi ?... Vous souperez avec un homme que vous connoissez, et que vous ne serez sûrement pas fâché de rencontrer, venez, je vous en prie.

MARIE, *à part et avec aigreur.*

Oui, voilà des prières bien employées.

RICHELIEU.

Quel est donc cet homme dont vous me parlez ?

MICHELIN.

Vous le saurez en venant souper.

RICHELIEU.

Vous piquez ma curiosité... C'est, sans doute, celui qui vous a fait un si beau portrait de M. de Richelieu... (*Il regarde toujours en dessous madame Michelin qui ne lève pas les yeux.*) Cependant... Je vous le répète... Quelque chose me dit que je dois me refuser...

MICHELIN, *à sa femme.*

Joins donc ton invitation à la mienne... Il est galant, et ne résistera pas aux prières d'une jolie femme...

MARIE, *bas à madame Michelin.*

N'en faites rien.

Mad. MICHELIN, *à part.*

Juste ciel !

RICHELIEU.

(*A part.*) Vengeons-nous de ma prude... (*haut.*) Le silence de madame me prouve assez...

MICHELIN, *à sa femme.*

Mais à quoi penses-tu donc ?...

Mad. MICHELIN, *forcée de parler, mais sans lever les yeux.*

Monsieur sait bien que tout ce qui vous fait plaisir...

RICHELIEU, *vivement.*

J'accepte le souper.

MARIE.

(*A part.*) Ah! tu n'es pas encore à table... (*Haut à madame Michelin.*) Mais, madame, vous ne songez pas.. (*la poussant du coude.*) Que vous ne serez pas ici ce soir? Vous avez promis à votre cousine d'aller souper chez elle au faubourg St.-Germain?

Mad. MICHELIN, *vivement.*

Ah! cela est vrai... je m'en souviens.

RICHELIEU, *à part.*

Cette vieille est mon mauvais génie.

MICHELIN, *à sa femme.*

Eh bien! tu enverras dire que tu ne peux y aller.

MARIE, *vivement.*

C'est impossible... Cette pauvre et bonne cousine qui a perdu son fils à l'armée, qui est malade, seule, abandonnée à elle-même... Il faut bien que madame aille la consoler.

MICHELIN.

Mais il fait un tems affreux.

MARIE.

Madame prendra une voiture de place...

RICHELIEU, *à part.*

Dont je me charge, moi, de payer et de diriger la course...

MARIE, *malignement, en regardant Richelieu.*

Allons... madame soupera... au faubourg St.-Germain...

RICHELIEU, *à part.*

Au faubourg St.-Antoine...

MARIE, *appuyant.*

Chez sa bonne cousine...

RICHELIEU, *à part.*

Avec moi.. Dans ma petite maison.

MICHELIN.

Eh bien! liberté toute entière... Cela ne vous empêchera pas de venir, la Fosse.

RICHELIEU, *en souriant malignement.*

Oh! je compte assez sur mon heureuse étoile pour être sûr que quelque évènement imprévu arrangera tout au gré de mes desseins.

MARIE *qui a passé près de Richelieu, lui dit tout bas et avec malice.*

Vous ne souperez pas avec madame Michelin du moins.

RICHELIEU, *en souriant et tout bas.*

Tu as trop d'esprit, il n'y a pas moyen de lutter contre toi.

MICHELIN.

J'entends monter quelqu'un... C'est le pas d'une femme... Vois qui ce peut être, Marie?

MARIE. *faisant deux pas vers la porte.*

Une personne qui vous fera grand plaisir à tous... C'est madame Renaud.

MICHELIN, Mad. MICHELIN, *ensemble.*

Madame Renaud!

RICHELIEU, *à part.*

Quelle aventure! Il faudra du bonheur et de l'effronterie pour se tirer de-là.

SCENE XII.

LES PRÉCÉDENS, MAD. RENAUD.

Mad. RENAUD, *à Michelin et à sa femme.*

Je ne me présente qu'en tremblant... J'ai été si long-tems sans vous voir, mes torts sont, malheureusement, si réels, que vous ne voudrez peut-être pas me pardonner.

MICHELIN

MICHELIN, *embarrassé.*

Madame... vous devez croire... que l'honneur... que vous nous faites.

Mad. RENAUD, *avec beaucoup de douceur.*

Ah ! n'ayez donc pas avec moi cet air embarrassé, ce ton de cérémonie... Vous me glacez, en vérité... Comment, ma chère amie ! vous ne daignez pas lever les yeux sur moi!... Il est donc vrai, trop vrai, que j'ai perdu votre amitié !

Mad. MICHELIN, *pouvant à peine articuler.*

Madame.... je vous prie.... d'être persuadée.... que votre visite...

Mad. RENAUD, *se détournant et appercevant Richelieu.*

Juste ciel ! vous, ici, monsieur?

RICHELIEU. (*Il s'avance vers elle d'un air libre et galant, mais en lui faisant signe de se taire*).

(*Haut.*) Votre santé a toujours été bonne ?... (*bas.*) Chut.

MICHELIN, *à madame Renaud.*

Ah ! vous connoissez M. de la Fosse ?

Mad. RENAUD, *très-étonnée.*

M. de la Fosse ?

RICHELIEU, *bas à madame Renaud.*

Taisez-vous.

MICHELIN, *bas à sa femme.*

Et elle osera dire qu'elle n'est pas en liaison très-directe avec M. de Richelieu !

Mad. RENAUD, *comme quelqu'un qui cherche à rassembler ses idées.*

M. de la Fosse ?... mais pourriez-vous me faire le plaisir de m'expliquer ?...

RICHELIEU, *bas à madame Renaud.*

Taisez-vous donc... Je ne suis ici que pour vous.

Mde. MICHELIN, *prête à s'évanouir.*

Je ne me trouve pas bien... Si je reste un moment de plus...

Mad. RENAUD, *avec colère.*

Ah! je vois trop à présent quel motif...

RICHELIEU, *à Michelin, et tout bas.*

Ne souffrez pas que votre digne épouse voie une femme comme madame Renaud, cette société-là ne lui convient pas.

Mad. RENAUD, *se rapprochant de Michelin et de sa femme.*

M. Michelin, il y a dans tout ceci une complication d'iniquités...

MICHELIN, *à madame Renaud, pendant qu'il soutient sa femme et qu'il s'achemine vers son appartement.*

Ma femme reconnoit, comme elle le doit, madame, l'intérêt que voulez bien lui témoigner... Mais sa santé est tellement affoiblie... dans ce moment-ci, sur-tout, elle a besoin de solitude, de repos... et moi aussi... Adieu, madame... A ce soir, la Fosse.

(*Il sort avec sa femme.*)

SCÈNE XIII.

Mad. RENAUD, RICHELIEU.

Mad. RENAUD.

Je reste anéantie.

RICHELIEU, *jouant la fureur, le désordre des idées, et se promenant à grands pas sur la scène.*

Et moi, je suis furieux!

Mad. RENAUD, *avec une ironie amère.*

Vous n'aviez jamais vu madame Michelin? Vous ne la connoissiez pas?

RICHELIEU.

Je ne leur pardonnerai de ma vie...

Mad. RENAUD.

Que venez-vous faire ici sous le nom de la Fosse?

RICHELIEU, *ayant l'air de ne pas l'entendre et d'être tout entier à ses propres idées.*

Vous rebuter!... vous mépriser!...

Mad. RENAUD.

Répondez... répondez...

RICHELIEU.

Non, je suis hors de moi... Ma colère est si forte... Venez, venez... Sortons...

Mad. RENAUD.

Il faut auparavant que vous m'éclaircissiez...

RICHELIEU.

Je vous éclaircirai...

Mad. RENAUD.

J'exige que vous me disiez...

RICHELIEU.

Je vous dirai tout ce que vous voudrez, mais ailleurs... Je ne me possède pas ici... je n'y reviendrai jamais... et j'exige, si vous m'aimez, que jamais vous n'y reveniez vous-même.

Mad. RENAUD.

Mais ce n'est pas là m'expliquer...

RICHELIEU.

Après un pareil accueil, vous auriez la foiblesse?... Je ne le souffrirai jamais... Venez...

Mad. RENAUD, *qu'il veut entraîner, et en se débattant.*

Non, non... vous me trompez... vous me trompez...

RICHELIEU, *l'entraînant.*

Ma conscience ne me reproche rien... Ah! je suis bien tranquille de ce côté-là... Vous résistez en vain, venez, venez, venez.

(*Il l'entraîne.*)

FIN DU TROISIEME ACTE.

ACTE QUATRIEME.

Le théâtre représente un salon très-orné de la petite maison de M. de Richelieu.

SCENE PREMIERE.

LE DUC DE RICHELIEU, UN LAQUAIS.

(*Le duc est très-paré. Il est assis devant une table couverte de papiers. Il vient d'écrire.*)

RICHELIEU, *au laquais qui est debout, à quelques pas de lui.*

Et tu as bien recommandé à monsieur Armand de venir ici, et le plutôt possible ?

LE LAQUAIS.

Oui, monsieur le duc... je lui ai même dit que vous permettiez qu'il prît une de vos voitures pour arriver plus vite Il m'a répondu qu'il étoit accoutumé à aller à pied, et qu'il ne vouloit pas en perdre l'habitude.

RICHELIEU.

Toujours original... Et ce laquais qui a apporté la lettre de la part de madame de Prie, n'a rien ajouté de plus que ce que tu m'as dit ?

LE LAQUAIS.

Non, monsieur le duc. Il m'a bien recommandé de vous prévenir, de la part de madame la marquise, de ne pas manquer au rendez-vous ; que monsieur le régent vous attendoit, que l'occasion étoit précieuse, et qu'il n'y avoit pas un moment à perdre.

RICHELIEU, *comme à lui-même.*

Oui, mais le régent qui parle de rendez-vous, ne sait pas

que j'en ai deux ici, ce soir, avec deux fort jolies femmes, dont je suis fort tendrement aimé, et que je trouve plaisant de mettre toutes deux aux prises, pour les punir, l'une, de m'opposer trop de difficultés, l'autre de ne m'en point opposer assez.

LE LAQUAIS.

Monseigneur, certainement, ne peut pas avoir tort... mais cependant monsieur le duc observera qu'on a toujours le tems de jouer un mauvais tour à une jolie femme, et que pour se faire nommer ambassadeur, il n'y a souvent qu'un moment.

RICHELIEU.

Comment donc? vous avez des principes... et monsieur sait donc qu'il est question d'une ambassade?

LE LAQUAIS.

Oui, monseigneur, le domestique de madame de Prie me l'a dit.

RICHELIEU.

Ma foi, s'il faut absolument aller chez le régent... mesdames Michelin et Renaud auront la bonté de se disputer ici toutes seules. Je perdrai certainement beaucoup à n'être pas témoin de l'entrevue; mais comme vous dites très-judicieusement, monsieur, une ambassade vaut bien que l'on fasse quelques sacrifices... Mais Armand ne vient point... l'heure se passe, et il est absolument nécessaire qu'il aille au Palais-Royal... Je n'ai que ce moyen-là pour me dispenser d'y aller moi-même.

LE LAQUAIS.

Voici quelqu'un... c'est peut-être lui?

RICHELIEU.

Voyez, et faites entrer...

(*Le laquais sort.*)

SCENE II.

RICHELIEU, *seul.*

Oh! oui, ce mémoire suffira... Le régent et madame de Prie n'ont pas besoin de ma présence pour... D'ailleurs, il faut que je me venge un peu de la chère madame Michelin, qui me tient rigueur, qui renonce à moi, sans s'informer seulement si je le trouve bon, et qui a la prétention de me donner mon congé, à moi, que les femmes les plus décidées n'ont jamais pu gagner de vitesse... Oh! j'y mettrai bon ordre....!

SCÈNE III.

RICHELIEU, ARMAND.

RICHELIEU.

Eh! arrivez donc, monsieur Armand!... J'ai cru, d'honneur, que le nom de *petite maison* t'avoit effrayé, et que ta scrupuleuse délicatesse ne te permettroit pas de venir me trouver ici?

ARMAND.

Vous m'avez fait dire à l'hôtel qu'il étoit question pour vous d'affaires très-importantes, et mon zèle l'a emporté sur mes scrupules.

RICHELIEU.

Je t'en remercie; et pour te prouver ma reconnoissance, je n'exposerai pas ta philosophie à souffrir trop long-tems dans ce séjour profane... Je vais t'expédier.

ARMAND.

Vous me ferez plaisir... De quoi s'agit-il?

RICHELIEU.

Ecoute... En rentrant ce matin à l'hôtel, et par le plus grand hasard, car mon dessein étoit de passer toute la journée dans... un certain quartier fort éloigné de chez moi... en rentrant, dis-je, une des maitresses du régent, avec laquelle je ne suis pas très-mal, m'a fait avertir que l'instant étoit décisif pour l'ambassade de Vienne, et qu'elle avoit presque déterminé le régent en ma faveur...

ARMAND.

Une maitresse du régent qui dispose de places aussi essentielles!.. O mon pays!

RICHELIEU.

Et de qui donc veux-tu qu'on les obtienne ?

ARMAND.

Mais le mérite devroit rougir...

RICHELIEU.

Il n'est pas question de mérite, et à la cour on ne rougit pas... D'ailleurs les femmes ont un certain tact... Enfin cela est, et cela doit être comme cela... Je me suis donc empressé de coucher sur le papier quelques notes qui prouveront, je crois, suffisamment mes talens en diplomatie.

ARMAND.

Quoi ? en si peu de tems vous avez écrit tout cela?

RICHELIEU.

Oh! quand il le faut, je suis un grand travailleur... les plaisirs ne doivent point nuire aux intérêts de l'ambition.

ARMAND.

Ah! si vous le vouliez, monsieur le duc, vous seriez...

RICHELIEU, *légèrement.*

Un grand homme, je le sais... je veux le devenir... mon nom passera à la postérité.

ARMAND.

Vous avez tout ce qu'il faut pour cela... mais je desirerois que vous fussiez plus scrupuleux sur le choix des moyens.

RICHELIEU.

Tous les moyens sont bons. De l'amabilité, de l'esprit et des graces, cela couvre tout... Tu vas donc aller trouver le régent...

ARMAND, *avec un peu d'humeur.*

Vous m'envoyez au Palais-Royal ?

RICHELIEU.

Certainement. Voici une lettre pour le capitaine des gardes. Il la lira, t'introduira dans le cabinet du régent. Tu remettras ces notes, et tu attendras la réponse... Comment? tu as l'air d'avoir de l'humeur ?... Le régent est l'homme du monde le plus accessible, le plus affable...

ARMAND.

Cela peut être... mais il est environné...

RICHELIEU.

D'une cour très-brillante... les plus jolies femmes de la France, les hommes les plus aimables...

ARMAND.

Il donne lui-même à ces hommes-là un nom qui ne fait pas leur apologie.

RICHELIEU.

Comment ? parce qu'il les appelle *ses roués* ?

ARMAND.

Quelle dénomination !

RICHELIEU.

Dénomination, monsieur ?... un jour on s'en fera gloire, c'est moi qui te le prédis... il faudra du talent pour l'obtenir, et ce qui te scandalise aujourd'hui, sera, peut-être, une des époques, un des caractères distinctifs du siècle que nous commençons.

ARMAND, *en souriant.*

L'augure est honorable pour le dix-huitième siècle... mais puisqu'il s'agit d'une perspective aussi intéressante que celle d'une ambassade, il me semble qu'il seroit bien plus convenable que vous allassiez vous-même...

RICHELIEU.

Impossible. J'attends ici deux jolies bourgeoises, deux femmes charmantes... L'une que la Fosse va m'amener... un peu contre son gré, il faut en convenir... car la belle, tout en m'aimant à la folie, a des scrupules, des remords !...

ARMAND.

Que vous êtes bien loin de respecter... et, de plus, vous vous en vantez ?...

RICHELIEU, *gaiement.*

Il faut que je te conte cette aventure-là... c'est la femme d'un bon et honnête marchand de la rue...

ARMAND.

Permettez-moi de n'en pas apprendre davantage... que vous me révéliez votre secret, quoique je ne vous le demande pas, à la bonne heure, mais le secret d'une femme qui se fie à votre honneur?... vous n'avez pas le droit d'en disposer, il est sacré pour vous... d'ailleurs, nous n'avons pas de tems à perdre : et il faut que j'aille au Palais-Royal.

RICHELIEU.

On ne peut jamais causer avec toi.

SCENE IV.

LES PRÉCÉDENS, LA FOSSE, *accourant.*

LA FOSSE.

Monseigneur! monseigneur! elle est ici, sous le vestibule... mais elle ne veut pas monter... elle est au désespoir, et elle crie à la violence...

RICHELIEU.

Je m'attendois bien à quelques façons... eh bien, contemoi donc comment, malgré la belle défense qu'elle a faite, tu es parvenu à l'amener jusques chez moi?

ARMAND, *vivement.*

S'il y a quelque moyen de sortir, sans rencontrer personne, faites-moi la grace de me l'indiquer.

RICHELIEU.

Parbleu! tu es bien peu curieux... sors de ce côté, descends le petit escalier, traverse le jardin; en face de toi tu trouveras une porte verte, et tu gagneras le grande rue du faubourg... songe que je t'attends ici, et qu'il me faut réponse.

(*Armand sort.*)

SCENE V.

RICHELIEU, LA FOSSE.

RICHELIEU.

Conte-moi donc comment tu t'y es pris, pour amener la chère Mad. Michelin ?

LA FOSSE.

J'ai commencé par gagner, à force d'argent, messieurs les cochers de toutes les voitures qui étoient sur la place. Comme nous l'avions prévu, Marie, la vieille Marie, grondant, courant, soufflant, arrive, et vite en arrête une qui va prendre chez elle votre très-indocile conquête : je la suis d'un peu loin.. madame monte dans le fiacre, il part. J'étois caché.. Je m'élance, je grimpe derrière, d'abord la belle ne fait pas attention au chemin qu'on lui fait prendre; mais elle s'apperçoit enfin qu'on ne la conduit pas chez la chère cousine du fauxbourg Saint-Germain, et de mettre aussitôt la tête à la portière, à droite, à gauche, en face, d'appeller, de faire de grands signes... mais le cocher est sourd, au moins autant qu'aveugle; il fouette à tour de bras son malheureux attelage qui, propice à nos vœux, s'est avisé, je crois, de galopper pour la première fois de sa vie; cependant madame se demenoit, s'agitoit, vouloit ouvrir la portière, pleuroit, appelloit, crioit : cocher! cocher! cocher! ce n'est pas là votre chemin... cocher! et le cocher crioit, juroit, heurloit de son côté.. Dia! hu... dia... marche donc, Rossinante! haut le pied! dia! hu! hop... la porte enfin se présente, elle s'ouvre pour nous recevoir, se referme après nous avoir reçus, et votre belle madame Michelin est maintenant au bas de l'escalier, où elle pleure, se lamente, et vous attend, dit-elle, pour se tuer.

RICHELIEU.

Ne badine pas, elle en es capable... je cours au-devant d'elle. (*Il sort.*)

SCÈNE VI.

LA FOSSE, *seul.*

Il faut convenir cependant que cet homme-là mène une drôle de vie... toujours par voie et par chemin, semant l'argent, comme s'il devoit repousser, s'exposant aux plus désagréables catastrophes, et cela, pourquoi, pour obtenir la réputation d'un mauvais sujet... l'espèce humaine est quelquefois bien bisarre...

RICHELIEU, *que l'on ne voit pas.*

C'est vainement que vous voulez me fuir...

LA FOSSE.

Les voilà... sauvons-nous.

(*sort par une porte de dégagement.*)

SCENE VII.

MAD. MICHELIN, RICHELIEU.

RICHELIEU.

Quoi ? vous ne voulez pas m'entendre ?

Mad. MICHELIN, *au désespoir et le fuyant.*

Laissez-moi... laissez-moi, vous dis-je, ou mes cris...

RICHELIEU.

Mais souvenez-vous donc que cette ressource est infructueuse, que la maison est isolée, que tout ce qui m'environne ici...

Mad. MICHELIN.

Ah ! je le sais, ils sont tous complices de vos crimes!

RICHELIEU.

Et supposé que l'on parvint à vous entendre, songez donc à votre réputation ?..

Mad. MICHELIN, *succombant à son désespoir.*

Dieu! qu'ai-je fait pour être aussi cruellement avilie?... homme barbare, pour qui l'artifice et la violence....

RICHELIEU, *avec vivacité et d'un air pénétré.*

J'ai dû tout employer pour vous parler un instant, pour essayer du moins de me justifier à vos yeux... vous, avilie! qui? vous! c'est ma conduite, ce sont les procédés odieux dont vous vous plaignez qui doivent vous justifier à vos propres regards... je me suis rendu trop coupable pour que vous ne soyez pas innocente; la vertu n'a pas un moment cessé de vous être chère, et je n'ai cherché ce dernier entretien que pour vous convaincre de ma parfaite estime, de mes remords sincères, de mes vœux que je forme pour votre bonheur, et de la résolution où je suis de ne plus exposer le repos, la félicité de votre digne, de votre respectable époux.

Mad. MICHELIN.

Oui, oui, respectable... il mérite mon respect, le vôtre... et son abandon, ses mépris, voilà désormais tout ce que je dois en attendre.

RICHELIEU.

Vous vous jugez avec trop de rigueur... mais je vous le répète... c'est de vous... (*Madame Michelin fait un mouvement, comme pour sortir, Richelieu l'arrête vivement.*) C'est de lui que je veux vous entretenir... (*du ton le plus pénétré.*) Je vous aime, vous ne l'ignorez pas... mais je ne puis me le dissimuler, notre liaison dont vos préjugés ont détruit tous les charmes, devient de plus en plus pénible... vous rougissez de tromper votre époux, et je gémis de vous voir malheureuse... Eh bien, ma tendre amie, je me suis décidé... au plus grand sacrifice. Je ne veux point d'un bonheur qui empoisonne vos jours... je vous rends à vous-même, à votre famille, à vos vertus... Reprenez cette paix, cette vie innocente dont je me reproche d'avoir interrompu le cours... oubliez-moi et soyez heureuse!

Mad. MICHELIN.

Seroit-il donc possible?... est-ce bien vous qui me parlez?

RICHELIEU, *avec l'accent de la douleur la plus vraie.*

Oui, c'est moi... (*le plus tendrement possible.*) Mais pour prix d'un si pénible effort... dites-moi si véritablement vous m'avez jamais aimé ?

Mad. MICHELIN.

Homme cruel ! je serois trop heureuse, si vous pouviez en douter encore !

RICHELIEU, *d'une voix tendre et timide.*

Mais vous ne m'aimez plus ?...

Mad. MICHELIN.

Quand mon devoir ne s'y opposeroit pas, le mériteriez-vous ?

RICHELIEU, *avec douleur et tendresse.*

Et vous voulez vous séparer de moi en me laissant l'affreuse certitude que j'ai cessé de vous être cher ?... non, vous n'aurez pas tant d'inhumanité... vous me parlerez encore une fois le langage de l'amour, et du moins après vous avoir perdue, je pourrai me dire... elle m'aimoit, son cœur n'étoit qu'à moi, la raison la rend à ses devoirs. mais il me reste une consolation, ce cruel sacrifice lui coûte autant qu'à moi, et je vivrai toujours dans sa mémoire.

Mad. MICHELIN, *le regardant avec un intérêt auquel elle craint de se livrer.*

Je ne sais où j'en suis... son repentir... ses larmes... sa résolution généreuse..

RICHELIEU, *se précipitant à ses genoux.*

Je me jette à tes pieds... j'y vais mourir, si je n'obtiens l'aveu, le tendre aveu que l'amour au désespoir implore de ta pitié...

SCENE VIII.

LES PRÉCÉDENS, MAD. RENAUD.

Mad. RENAUD, *surprenant Richelieu aux genoux de madame Michelin.*

Ciel ! que vois-je ?

Mad. MICHELIN, *avec un cri.*

Ah ! grand dieu !

RICHELIEU, *toujours à genoux et se retournant d'un air libre et gai vers madame Renaud.*

Eh ! venez donc, ma charmante amie !... nous vous attendions avec impatience.

Mad. RENAUD, *avec amertume à madame Michelin.*

Je ne m'étonne plus de l'accueil glacé que j'ai reçu de vous ce matin, madame... ce qui me surprend, c'est que votre époux soit de moitié dans un pareil procédé.

Mde. MICHELIN, *en pleurant.*

Votre erreur est excusable, madame; les apparences déposent contre moi... mais lorsque vous saurez que la violence seule m'a trainée dans ces lieux...

Mad. RENAUD, *avec une ironie amère.*

Est-ce aussi la violence qui, ce matin, a conduit chez vous monsieur, que j'y ai trouvé sous le nom de la Fosse?

Mde. MICHELIN, *sanglottant.*

Vous profitez de mon malheur... vous m'accablez, madame, et vous avez raison.. (*se levant, et presque à genoux devant Richelieu qu'elle supplie à mains jointes.*) Monsieur ! permettez-moi de me retirer !...

Mad. RENAUD, *paroissant vouloir sortir.*

Au contraire... il me paroit que c'est à moi de vous céder la place...

RICHELIEU, *les prenant toutes deux par la main et les ramenant sur le devant de la scène. Il les a, toutes deux, écoutées et observées avec une joie maligne, il leur parle avec une feinte bonhommie.*

Comment? entre deux bonnes, deux anciennes amies, une querelle? et dont je suis l'objet ? en vérité, mesdames, je n'en vaux pas la peine, et je ne présume pas assez de moi, pour me juger digne d'être une pomme de discorde.

Mad. RENAUD, *avec une fureur concentrée.*

Vous êtes un prodige de scélératesse!

RICHELIEU, *avec ingénuité.*

Il faut bien être quelque chose... (*Il reprend un ton plus tendre et plus galant.*) Mais, vous avez raison... je ne mérite pas ma félicité... cependant, je le demande au juge le plus sévère... parvenu comme moi au bonheur de vous captiver toutes deux, quel mortel eût pu concevoir la possibilité d'un choix entre vous deux? quel mortel eût eu le courage de sacrifier l'une pour se dévouer à uniquement l'autre? ou vous ne vous rendez pas justice, ou vous devez avouer qu'une telle résolution, qu'une pareille entreprise étoient au-dessus de mes forces, et que tout vous oblige à pardonner un crime que je n'eusse jamais commis, si vos charmes ne m'en avoient fait une nécessité.

Mad. MICHELIN, *avec une indignation noble.*

O le plus audacieux! ô le plus faux des hommes! tu as cependant dit une vérité qui rend plus odieux encore le crime dont tu t'accuses... non, tu ne méritois pas ton bonheur. J'ignore qui de nous deux tu trompas la première... (*avec modestie.*) Je ne me jugerai point... (*du ton de l'éloge.*) Mais je vois ma rivale... et puisqu'il est vrai que tu fus assez heureux pour lui plaire, puisqu'elle a le malheur de t'aimer, comment ton cœur a-t-il pu concevoir l'idée de former un autre engagement? comment n'as-tu pas apprécié ta félicité? comment peux-tu méconnoitre assez l'amour et sa délicatesse, pour avoir adopté sans rougir, le plan d'un indigne partage? l'amour!... il n'est pas fait pour un cœur aussi dépravé que le tien.. l'amour!... homme pervers! tu ne le connus, et ne le connoîtras jamais.

RICHELIEU, *à madame Renaud, d'un air hypocrite.*

Et vous, madame? n'ajoutez-vous rien aux reproches trop mérités dont on m'accable?

Mad. RENAUD, *froidement.*

Je vous méprise trop pour entrer en explication... (*à madame Michelin, avec le plus vif intérêt.*) Croyez du moins, madame, que je ne suis point complice...

Mad. MICHELIN, *étouffée par les larmes.*

Ah! ce n'est pas vous que j'accuse... il ne m'appartient

plus de condamner personne .. Je ne me plains ici que du barbare qui vient de me donner la mort... car je ne survivrai pas à l'horreur de ma situation... (*à Richelieu.*) Monstre, ta cruauté est-elle satisfaite ? as-tu assez long-tems exercé sur moi les horribles recherches de ta férocité ? est-ce ici, sous tes yeux, que je dois mourir ? donne-moi les moyens de te satisfaire... ma main veut bien encore t'épargner le châtiment d'un crime; tu m'as rendu la vie insupportable, horrible... permets-moi d'en sortir, et pour dernier bienfait, cache à mon respectable, à mon trop malheureux époux, mes erreurs, tes forfaits, et les restes sanglans de ta déplorable victime.

Mad. RENAUD, *avec des larmes.*

Et vous voyez de sang-froid ses pleurs, son désespoir ?...

RICHELIEU.

Mais c'est vous, c'est elle qui vous exagérez vous-mêmes mes torts et vos malheurs, car enfin ..

ARMAND, *qui est derrière le théâtre.*

Mettez les chevaux au carrosse, M. le duc va sortir à l'instant...

RICHELIEU.

C'est la voix d'Armand.

(*Il va vers la porte.*)

Mad. MICHELIN, *éperdue, parcourant le théâtre.*

Où me cacher ? où fuir ?.. le voilà... (*Elle s'élance derrière un paravent qui est en face de la cheminée. Les acteurs ne peuvent la voir, mais elle doit être apperçue par le public.*

SCENE IX.

LES PRÉCÉDENS, ARMAND. *On le voit à la porte quitter un manteau et le remettre à un laquais.*

RICHELIEU.

Eh bien ? quelle réponse ?

ARMAND.

ARMAND.

Le régent n'a pas eu le tems de parcourir les notes que vous m'aviez chargé de lui remettre ; il se préparoit à partir pour une fête qui l'attend à Saint-Cloud, quoiqu'il fasse un tems horrible, et que la pluie tombe par torrens.. mais il vous invite à venir le rejoindre le plutôt possible, et Mad. de Prie a tout bas ajouté que vous aviez de nombreux concurrens, et que votre présence seule feroit décider l'affaire en votre faveur.

RICHELIEU, *gaiement.*

Oh! j'en suis sûr, et me voilà ambassadeur... je te ferai nommer secrétaire d'ambassade... tu as vraiment une gravité diplomatique... mais est-ce qu'il faut s'y rendre tout de suite ?

ARMAND.

C'est ce que Mad. de Prie m'a fortement enjoint de vous recommander.

RICHELIEU, *à Armand.*

En ce cas, je n'ai pas un moment à perdre... range mes papiers... mets ici tout en ordre... (*Il s'approche de lui, le prend par la main, et lui dit à demi-bas et en souriant.*) Tu trouveras dans cet appartement plus d'occupation que tu ne crois... (*s'avançant vers Mad. Renaud d'un air libre et galant.*) Adieu, ma charmante... Je suis vraiment désolé...

Mde. RENAUD, *sans le regarder et se tournant vers un laquais.*

Une voiture, monsieur, s'il vous plait.

(*Le laquais sort.*)

RICHELIEU, *du ton le plus dégagé.*

Une voiture, oui, j'y avois pensé... Adieu, ma toute adorable... laissez-moi baiser cette belle main... vous me repoussez.. malheureusement, je n'ai pas aujourd'hui le tems de me désespérer... il ne me reste que celui de vous jurer amour et fidélité. (*Il sort.*)

SCENE X.

Mad. MICHELIN, *cachée derrière le paravent, mais visible pour le public;* ARMAND, *à droite des acteurs, sur le devant de la scène, occupé à ranger des papiers sur un bureau;* Mad. RENAUD, *entre Mad. Michelin et Armand.*

Mad. RENAUD, *part.*

Quelle perversité! et j'ai pu l'aimer! j'ai pu m'aveugler si long-tems!... mes yeux sont dessillés... c'en est fait pour jamais... et cette malheureuse femme qui est là... dans un état affreux... elle me fait bien du mal, mais je ne sais point haïr... si je pouvois la soustraire aux regards... elle rejetteroit mes soins... (*elle regarde fixement Armand qui est toujours occupé.*) Il est honnête homme... lui seul n'abusera pas de ma confiance et de son malheur... (*Elle s'approche timidement d'Armand*). Monsieur Armand?...

ARMAND, *froidement et sans se déranger.*

Madame?...

Mad. RENAUD, *toujours hésitant et avec timidité.*

Une voiture va venir... je vais partir... vous resterez après moi... dites-moi, M. Armand?... vous connoissez beaucoup madame Michelin?

ARMAND.

Beaucoup.

Mde. RENAUD.

Vous l'aimez?

ARMAND.

Infiniment... je l'aime et je la respecte.

Mad. RENAUD, *avec embarras et craignant d'en trop dire.*

A l'heure où je vous parle... je crois qu'elle a du chagrin... qu'elle éprouve des peines bien cruelles...

ARMAND, *étonné.*

Mad. Michelin?

Mad RENAUD.

Oui, j'en suis sûre... et quoique je fusse, peut-être, en droit de conserver contre elle quelque ressentiment... je lui proteste que personne ne partage plus que moi toute l'horreur de sa situation... Quand vous la verrez... dites-lui... que je ne suis pas son ennemie, que je ne l'ai jamais été... que son secret... elle entendra ce que ce mot veut dire... que son secret est enseveli, et que je n'en abuserai jamais.

ARMAND, *avec froideur.*

Je ne crois pas que Mad. Michelin ait des secrets d'une nature à exiger beaucoup de mystère... mais n'importe, je m'acquitterai de la commission, madame.

Mad. RENAUD, *affectueusement, avec le plus grand embarras.*

Je vous en prie... M. Armand... il me reste encore une chose à vous dire... je crois... qu'il y a ici... quelqu'un... une femme... qui seroit bien aise de n'être pas connue, et vous êtes trop galant homme pour vouloir pénétrer le mystère dont elle cherche à s'envelopper... En vous retirant, faites avancer une voiture jusqu'à la porte de cette maison... la personne dont je vous parlé en aura sûrement besoin.

SCENE XI.

LES PRÉCÉDENS, UN LAQUAIS.

LE LAQUAIS.

Madame, le carrosse est-là.

Mad. RENAUD.

Je descends.

(*Le laquais sort.*)

SCENE XII.

MAD. MICHELIN, *presque mourante derrière le paravent*, ARMAND, MAD. RENAUD.

Mad. RENAUD.

Adieu, M. Armand.... Je vous en conjure, consolez madame Michelin, aujourd'hui votre amie... (*Avec un soupir.*) et qui fut autrefois la mienne... Mais, sur-tout, respectez le secret de la dame qui est ici... et qu'elle puisse quitter ces lieux sans compromettre sa réputation.

(*Elle sort.*)

SCÈNE XIII.

MAD. MICHELIN, *toujours derrière le paravent*, ARMAND, *sur le devant de la scène.*

ARMAND.

Que signifie donc ce ton mystérieux, et de qui veut-elle me parler? De qui? de quelque écervelée comme elle, à qui la tête aura tourné pour un scélérat trop aimable. Oh! je respecterai le mystère dont cette beauté scrupuleuse cherche, dit-on, à s'environner!... Mais qu'a de commun la respectable madame Michelin avec les intrigues dont ce lieu de scandale est le théâtre repoussant? Madame Michelin vertueuse, estimée, attachée de cœur à son époux, à ses devoirs, ne peut avoir aucun rapport avec des femmes que le mépris public....

Mad. MICHELIN, *tombant de sa hauteur.*

Je me meurs.

ARMAND.

Ciel? qu'entends-je?... Une voix plaintive... Un soupir étouffé... (*Il cherche et trouve derrière le paravent madame Michelin étendue sur le plancher, le visage tourné contre terre.*) Une femme évanouie!... infortunée!.. (*Il cherche à la relever.*) Revenez à vous, madame... Votre situation m'interdit toute réflexion qui pourroit vous affliger. (*Il la relève à demi, la regarde... et avec un cri.*) Madame Michelin! Juste ciel!... Quoi? cette femme que j'estimois... Mais elle souffre, elle gémit... Je ne dois songer qu'à la secourir... Elle respire.... Ses yeux s'ouvrent... Ses forces se raniment... (*Il la place sur un fauteuil.*) Ah! malheureuse amie! dans quels lieux vous revois-je!

Mad. MICHELIN, *avec égarement.*

Où suis-je? qui me parle? Oh! qui que vous soyez... défendez-moi... ayez pitié de moi... arrachez-moi de cette horrible maison...

ARMAND, *avec force.*

Oui, nous allons en sortir... Oui, je vous défendrai, et jusqu'à la mort...

Mad. MICHELIN, *le regarde, le reconnoît, jette un cri et se précipite sur la terre.*

C'est Armand!... c'est lui!... O terre! engloutis-moi!

ARMAND, *la prenant dans ses bras.*

Levez-vous... Levez-vous... Ne craignez point mes reproches.. Oui, fussiez-vous encore mille fois plus coupable...

Mad. MICHELIN, *avec la plus grande vivacité.*

Ah! je ne le suis pas... au moins du honteux évènement qui m'offre à vos yeux dans ce séjour impur... C'est la violence seule qui m'y a conduite... Je croyois aller chez une de mes parentes... Une voiture de place dont le cocher étoit gagné sans doute par un des gens de M. de Richelieu...

ARMAND, *vivement.*

Quoi! c'est vous que ce scélérat de la Fosse... Je sais tout, je sais tout... Mon amie! ma respectable amie! pardon, mille pardons!... J'ai osé vous soupçonner, et vous êtes innocente!.. Je suis dans une joie!... Vous venez de me rendre à la vie, au bonheur... Oh! oui, je suis heureux, je puis vous estimer encore.

Mad. MICHELIN, *avec un désespoir concentré.*

Je n'en suis plus digne...J'ai tout trahi, l'honneur, mes sermens, les nœuds les plus sacrés... Mais sortons, sortons de ces funestes lieux, où depuis une heure je suis abreuvée de douleurs, de mépris et d'outrages.. Vous savez tout, vous lirez dans mon cœur, venez... C'est devant vous seul que je consens à rougir... Mais arrachez-moi d'ici, dérobez-moi aux yeux des hommes, cachez-moi, s'il se peut, à mes propres regards.... Armand ! ayez pitié de celle qui fut autrefois votre amie, et que l'aspect de ces funestes lieux réduit au désespoir.

ARMAND.

Mais à l'heure qu'il est, dans l'obscurité, au milieu d'un orage épouvantable, comment gagner votre maison, comment rentrer chez vous ?

Mad. MICHELIN, *avec effroi et désespoir.*

Chez moi ?... jamais...

ARMAND.

Mais quelle est donc votre intention ?

Mad. MICHELIN, *toujours désespérée.*

Jamais je ne reverrai mon époux... Jamais je ne rentrerai dans la maison qu'il habite, dans cet asyle de la vertu que je souillerois en y portant mon crime... Conduisez-moi... allons par-tout où vous voudrez... Mais éloignez-moi des lieux où je fus vertueuse, et où je ne puis rentrer que coupable et déshonorée.

ARMAND.

Mais la nuit, la distance, un air glacial.

Mad. MICHELIN, *vivement.*

Ah ! tant mieux ! tant mieux !... Je brûle ici.

ARMAND, *à part.*

Eh bien ! venez... Efforçons-nous de rappeller sa raison...

Mad. MICHELIN.

Soutenez-moi, mon ami... je vois en vous mon refuge, mon espoir, mon seul appui... Armand ! que vous êtes heureux !.... Vous ne connoissez ni le crime, ni le remords.

(*Elle sort appuyée sur Armand.*)

FIN DU QUATRIEME ACTE.

ACTE CINQUIEME.

Le théâtre représente la même décoration qu'au premier acte et au troisième, le couvert est mis dans le fond. Marie achève d'arranger tout ce qu'il faut pour le souper.

SCENE PREMIERE.

MARIE, *seule.*

Ce souper de mon invention chez la cousine du faubourg St.-Germain, comme cela vous a dérouté le Richelieu... Il ne s'attendoit pas à ce tour-là... (*En riant.*) Mais ce qu'il y a de plus endévant pour M. le duc, que le ciel confonde, c'est qu'au lieu de pouvoir en conter à la femme, il sera forcé de tenir compagnie au mari.. Aussi, je suis sûre qu'il me donne des bénédictions?... (*Elle regarde vers la fenêtre.*) Mais il ne viendra pas.. il fait un tems détestable... il aura vu ses projets manqués, sa malignité trompée... et sûrement, à l'heure où je parle, il est occupé ailleurs à faire enrager quelques bonnes ames... Voilà qui est en ordre... Mon souper est prêt... Attendons notre monde.. J'entends monter quelqu'un... C'est sûrement M. Michelin.. (*Elle va vers la porte avec la plus grande surprise.*) Ma maitresse et M. Armand!

SCENE II.

MARIE, MAD. MICHELIN, ARMAND.

Armand, en entrant, jette le manteau dont il étoit couvert, et sous lequel madame Michelin n'a pu se mettre assez à l'abri pour que ses vêtemens ne soient pas trempés.

ARMAND.

Nous voilà pourtant arrivés... quel tems!

Mad. MICHELIN, *appuyée sur Armand.*

Je ne puis plus me soutenir...

ARMAND.

Marie, vite, un siège.

MARIE, *à madame Michelin en lui approchant un fauteuil.*

Eh ! bon dieu ! dans quel état vous êtes ! pâle, tremblante, vos habits trempés ! comment ? dans un moment comme celui-ci vous revenez à pied ? Vous n'avez donc pas été chez votre cousine ? vous pleurez ? qu'est-il donc arrivé ?

ARMAND.

Tu sauras tout... Michelin est-il de retour ?

MARIE.

Pas encore.

Mad. MICHELIN, *à Armand.*

Vous avez voulu que je rentrasse ici... Vous m'avez forcée d'y revenir... C'est ma dernière heure que vous avez avancée.

MARIE.

Votre dernière heure ?... mais expliquez-vous donc ? que vous est-il arrivé ?

Mde. MICHELIN.

Le comble des malheurs... je suis perdue, je suis déshonorée.

MARIE.

Juste ciel !

ARMAND.

Tous ceux qui vous connoissent vous aimeront, vous estimeront toujours. Hélas ! l'instinct du cœur ne dépend pas de nous. Ce qui nous appartient, c'est le courage, c'est la force de combattre un penchant malheureux, c'est le besoin de la vertu, l'horreur du crime, et le sentiment du repentir... Mais votre époux va rentrer, dérobons à ses yeux les traces d'un évènement dont la connoissance détruiroit à jamais son bonheur et sa tranquillité. Montez dans votre appartement, tarissez vos larmes, reprenez un dehors plus serein, et quittez ces vêtemens nuisibles à votre santé, et qui trahiroient notre secret.

Mad. MICHELIN, *d'une voix sombre.*

Ma mort le révèlera... mais je vous obéis... Viens, Marie.... (*Elle se lève et retombe sur le fauteuil.*) J'éprouve une foiblesse, un anéantissement... Le ciel, je crois, me regarde en pitié... Oui, je le sens... je n'ai plus long-tems à souffrir... mais vous avez raison... avant ma dernière heure, il faut que je revoie mon époux... Il est généreux, il me plaindra... peut-être une larme arrachée de son cœur viendra tomber sur ma main défaillante... Cette larme précieuse effacera la tache imprimée sur ma vie, et le sacrifice de mes jours achèvera d'acquitter ma dette.

(*Elle se lève.*)

MARIE.

Non, vous ne mourrez pas... vous vivrez...

ARMAND.

Pour votre époux, pour vos amis...

MARIE.

Pour moi, qui élevai votre enfance...

ARMAND.

Du courage...

MARIE.

De la résolution...

ARMAND.

Rien n'est désespéré... rien n'est perdu...

Mde. MICHELIN.

Tout, tout... L'honneur n'est plus, et l'on ne survit pas à l'honneur.

(*Appuyée sur Marie, elle rentre dans son appartement.*)

SCENE III.

ARMAND, *seul.*

Infortunée!... et les hommes injustes la condamneront!.. et des femmes, mille fois moins estimables peut-être, dévoueront au mépris celle qui meurt de douleur pour avoir été foible un moment!... Mais Michelin va rentrer... persuadons-lui, n'importe sous quel prétexte, d'éloigner pour jamais de sa maison un homme dangereux qui ne peut y porter que l'opprobre et le désespoir... Ah! le voici...

(*Il s'avance vers la porte.*)

SCENE IV.

RICHELIEU, ARMAND, MICHELIN.

ARMAND.

Bon soir donc, mon cher Michelin... (*Il apperçoit Richelieu qui survient. A part.*) Ciel! Richelieu est avec lui!

MICHELIN.

Le premier au rendez-vous, mon ami? c'est me mettre dans mon tort; mais le tems est une bonne excuse.

RICHELIEU, *qui s'avançoit lentement, reconnoît Armand.*

(*A part.*) C'est Armand... je ne m'attendois pas à celui-là. (*Il s'approche d'Armand, à qui il dit d'un air très-dégagé:*) Monsieur veut-il bien recevoir l'assurance de mon respect? Quel heureux hasard procure à la Fosse l'honneur de souper avec le secrétaire de monsieur de Richelieu? (*Bas à Armand, en lui serrant la main.*) Motus...

ARMAND. *en retirant sa main.*

Monsieur... je vous salue... (*A part.*) J'ai peine à contenir mon indignation.

MICHELIN, *à Armand.*

J'ai rencontré la Fosse, qui, m'ayant promis de souper avec nous, fidèle à sa parole, venoit ici malgré l'orage affreux...

RICHELIEU.

C'est à cet orage-là que je dois le plaisir de souper avec vous... Monsieur de Richelieu qui, en dépit de son âge et de sa frivolité, a la manie d'être ambassadeur, devoit accompagner le régent à Saint-Cloud, où les attendoit une fête magnifique. Le mauvais tems l'a fait manquer, on est resté à

Paris; et votre maître, monsieur Armand, vient d'être nommé ce soir à l'ambassade de Vienne... Vous et moi, nous verrons du pays.

ARMAND, *froidement.*

Je ne crois pas que nous voyagions ensemble.

MICHELIN.

Où donc est Marie ?

ARMAND.

Auprès de sa maîtresse... (*A part.*) Et je ne puis la prévenir !

MICHELIN.

Comment ? ma femme n'est pas au faubourg Saint-Germain ? quelle raison l'a donc fait revenir ?

ARMAND, *embarrassé.*

La crainte... de ne pouvoir à minuit se procurer une voiture... et je crois... une légère incommodité...

MICHELIN, *vivement.*

Montons, nous saurons de ses nouvelles...

ARMAND, *vivement et en l'arrêtant.*

Elle va descendre, et se trouve beaucoup mieux.

MICHELIN.

Et bien, nous l'attendrons.

RICHELIEU, *à part et en souriant.*

Allons, pour un philosophe, c'est mentir assez joliment.

MICHELIN, *à Richelieu et à Armand.*

Vous êtes donc libres comme cela tous les soirs? Votre mauvais sujet de Richelieu n'a donc jamais besoin de vos services ?

RICHELIEU.

S'il avoit été à Saint-Cloud, je vous ai dit que j'aurois été obligé de l'y suivre... Mais dites-moi donc, pourquoi cette épithète de mauvais sujet dont vous honorez monsieur de Richelieu ?

MICHELIN, *à Richelieu, en lui montrant Armand.*

Ma foi, demandez-lui... il en sait plus que moi là-dessus.

RICHELIEU.

Ah ! c'est monsieur Armand qui s'est chargé auprès de vous du panégyrique de son maître ?

ARMAND, *froidement.*

Je n'ai point de maître, monsieur ; j'échange mes talens contre un salaire légitimement acquis... mais je n'appartiens qu'à moi.

MICHELIN, *à Richelieu, en montrant Armand.*

Il a de l'énergie... mais ne vous avisez pas d'aller parler de cela à monsieur de Richelieu ?

RICHELIEU.

Je m'en garderai bien... oh ! je suis discret.

MICHELIN, *en montrant Armand.*

Ce n'est pas qu'il soit homme à rien craindre... car ce qu'il m'en a dit, je suis sûr qu'il le lui diroit à lui-même.

ARMAND.

Oh ! il le sait déjà... mais je ne l'ai cependant pas encore instruit entièrement de l'opinion qu'il m'a forcé lui-même à concevoir de lui... Si j'avois su tout ce que j'ai appris depuis ce matin, je l'aurois peint encore sous des couleurs moins douces.

RICHELIEU.

M. Armand, je suis incapable de vous trahir... mais monsieur de Richelieu peut enfin être averti de la publicité que vous donnez à vos idées sur son compte, de votre conduite à son égard... il pourroit se fâcher... vous avez une bonne place, et, sans doute, vous y tenez ?...

ARMAND.

Pas du tout, et je vous prie de lui dire que je quitte son service.

MICHELIN, *à Armand.*

Mon ami, tu as une franchise qui te fera toujours du tort.

RICHELIEU.

Non pas auprès de moi, soyez-en sûr, monsieur Michelin, et je connois assez monsieur de Richelieu pour gager qu'instruit des procédés de monsieur envers lui, il seroit généreux à son égard... ne fût-ce que pour le contrarier... Il y a des gens dont l'amour-propre court après la persécution ; elle leur donne une sorte d'importance à leurs propres yeux... ils la jugent capable de les ennoblir aux yeux d'autrui, et se croient quelque chose, parce qu'on a daigné s'appercevoir de leur existence.

MICHELIN, *en riant.*

Ah ! vous vous échauffez aussi ?...

ARMAND.

Monsieur a ses raisons pour cela. Il se pique d'être une copie si exacte de monsieur de Richelieu, que le caractère du modèle perce à travers tous les efforts que fait la Fosse pour le dissimuler.

RICHELIEU.

Et pourquoi dissimulerai-je le caractère de monsieur de Richelieu ? c'est celui d'un mortel fort aimable, d'un ami du plaisir, d'un adorateur des belles, de l'homme le plus galant...

ARMAND.

Appellez-vous galanterie la séduction, la violence et le crime ?

MICHELIN ET RICHELIEU, *ensemble.*

Ah !

ARMAND, *vivement.*

Je dis la vérité, et j'en donne la preuve. Un des valets de chambre de cet homme si galant, adoroit une jeune personne, sage, bien née, modeste ; il en étoit aimé, il alloit l'épouser... Monsieur de Richelieu la voit, la desire, veut la lui enlever, elle résiste... et dix-huit mois de détention dans une maison de force, sont le prix de la vertueuse résistance de cette jeune infortunée.

MICHELIN.

Ah ! cela est horrible.

RICHELIEU, *à part.*

Voyons jusqu'où peut aller son audace.

MICHELIN.

S'il y a dans sa vie beaucoup de traits pareils?...

ARMAND, *vivement.*

Beaucoup, sans nombre. Ici c'est une femme qui désespérée de n'aimer en lui qu'un infidèle, s'empoisonne et meurt dans des convulsions horribles. Là, c'est un mari égorgé dans un duel, pour avoir voulu défendre la réputation de son épouse, dont M. de Richelieu a publié par-tout les foiblesses et le déshonneur. Un ménage est paisible, un couple modeste est heureux... Cet homme dont nous parlons s'introduit, cherche à plaire, y réussit, et l'épouse vertueuse, la mère de famille, jusqu'alors respectable, est à l'instant déshonorée. Bientôt ce n'est plus un mystère, l'époux est instruit de sa honte... Il aimoit sa femme, il la fuit... Il chérissoit ses enfans, le dernier né se présente devant lui... Père tendre, il voudroit le presser contre son cœur.... Un doute cruel suspend ce mouvement de la nature, une répugnance involontaire succède au plus doux sentiment, et c'est avec horreur, c'est avec désespoir qu'il repousse loin de lui l'infortuné dont l'existence n'est à ses yeux que le garant de son opprobre.

RICHELIEU, *regardant tour-à-tour Armand et Michelin avec une colère concentrée.*

Vous abusez, monsieur, de la position actuelle de M. de Richelieu, et des ménagemens que lui impose une délicatesse dont vous devriez, peut-être, lui savoir quelque gré.

ARMAND.

Je n'abuse de rien, monsieur. Je soulage enfin mon cœur fatigué trop long-tems d'un silence penible et saignant encore du coup mortel qui vient de frapper mes amis les plus chers... Pouvez-vous oublier le spectacle affreux dont je viens d'être le témoin? oubliez-vous que je viens de voir une malheureuse femme... dans un état... dans une maison... Sans moi la honte et le désespoir la plongeoient au tombeau... et le ciel...

MICHELIN.

Ma femme descend, nous allons nous mettre à table, et nous nous occuperons de quelque objet plus agréable.

(*Il va au-devant de madame Michelin.*)

ARMAND, *à Richelieu, et tout bas.*

S'il vous reste un sentiment d'humanité, monsieur, trouvez quelque prétexte pour vous retirer... Votre aspect est la mort pour l'infortunée qui va paroître.

RICHELIEU.

Seroit-il vrai, grand dieu!

ARMAND.

Que va-t-elle devenir?

SCENE V.

LES PRÉCÉDENS, MAD. MICHELIN, MARIE.

Mad. Michelin est en robe du matin, les cheveux épars, pâle, et la voix presque éteinte. Marie l'aide à se soutenir.

MICHELIN, *prenant sa femme par un bras et aidant Marie à la conduire vers un fauteuil.*

Eh! ma tendre amie! dans quel état te revois-je! ton indisposition a donc été plus grave qu'on ne me l'avoit dit?

MARIE, *vivement.*

Non, non... madame est beaucoup mieux... (*Elle apperçoit Richelieu et dit à part.*) Ciel! il est ici!

MICHELIN.

Ma chère, ma meilleure amie!

Mad. MICHELIN.

Ah, monsieur Michelin, qu'un si tendre intérêt m'inspire de reconnoissance!

MICHELIN.

Et quel intérêt est plus naturel? n'es-tu pas ce que j'ai de plus cher au monde? .. allons, ranime un peu ton courage... voilà nos amis que ta situation inquiète.. le bon Armand, tu sais s'il t'aime... regarde-le.. tu liras dans ses yeux qu'il partage avec moi cet intérêt que tu sais si bien inspirer.

Mad. MICHELIN, *avec chaleur.*

Comment m'acquitter envers lui ? je lui dois tout... c'est lui dont les soins bienfaisans, dont l'amitié compatissante..

MARIE, *l'interrompant vivement.*

M'ont aidée à vous secourir, lorsque vous vous êtes trouvée si mal...

MICHELIN.

Mais expliquez-moi donc ?...

ARMAND, *vivement.*

Le danger est passé... (*bas à madame Michelin.*) Contraignez-vous donc, je vous en conjure...

MICHELIN.

Eh quoi ?... tu pleures... cet état n'est pas naturel... tu recèles au fond de ton cœur des peines que tu crains d'avouer... lève donc sur nous tes regards... vois Marie dans les larmes, (*il se jette aux genoux de sa femme.*) Ton époux à tes pieds... Armand qui gémit... la Fosse consterné...

Mad. MICHELIN, *jettant un cri et se levant avec vivacité.*

La Fosse!

ARMAND.

Ciel!

MICHELIN, *montrant Richelieu.*

Le voilà...

Mad. MICHELIN, *égarée.*

Homme féroce! tu me poursuivras donc jusqu'au tombeau!

ARMAND, *à Richelieu.*

Sortez, monsieur, sortez!

RICHELIEU.

Mon cœur est déchiré...

MICHELIN.

Que dit-elle?

MARIE, *voulant entraîner madame Michelin.*

Rentrons dans votre appartement.. venez, au nom du ciel, venez... (*Madame Michelin se débat avec désespoir dans les bras de Marie.*)

MICHELIN.

MICHELIN.

Mais, mon ami, ta raison s'égare... vois donc à qui tu fais injure!... c'est à un homme que tu estimes... c'est à la Fosse...

RICHELIEU.

C'est à l'homme qui vous respecte le plus...

Mad. MICHELIN, *hors d'elle-même.*

A celui qui m'a couvert d'opprobre... il faut parler, le mensonge me tue... je n'étois pas née pour le crime.. monstre! le jour fatal est arrivé, et la vérité terrible va prononcer enfin ton arrêt et le mien... Michelin, cet homme t'a trompé, je t'ai trompé moi-même.

ARMAND.

Que faites-vous?

MARIE.

Arrêtez...

MICHELIN.

Quels discours?...

Mad. MICHELIN.

Cet homme n'est point la Fosse... c'est Richelieu...

MICHELIN.

Richelieu! vous?

RICHELIEU, *avec fermeté.*

Moi-même. (*Michelin tombe sur un siège et paroît anéanti.*)

Mad. MICHELIN, *à son mari.*

Mon cœur égaré par un penchant involontaire, irrésistible, oublia que toi seul avois des droits sur lui... j'aimai cet homme, et je connus le malheur du moment où je connus l'amour... mais je méritois encore ta pitié. Mes remords, mes tourmens expioient ma foiblesse... un crime odieux, une violence horrible ont enfin consommé ma ruine et m'ont rendue indigne et de la vie et de ton cœur... (*Elle se jette aux genoux de son mari.*) Venge-toi... mais de moi seule... crains cet homme pervers et capable de tout; il a pour lui contre toi, son nom, son rang, la faveur, ses richesses... ne punis que moi seule, je te le demande à genoux! tranche les jours affreux de ta criminelle et trop malheureuse épouse... mais ne maudis point sa mémoire, et que du moins ta haine expire au bord de son tombeau.

MICHELIN, *sans la regarder, mais lui tendant la main pour la relever.*

(*Du ton le plus pénétré.*) Levez-vous... ah! vous avez détruit pour jamais mon bonheur... des reproches amers pourroient m'être permis... mais vous êtes malheureuse, et je ne sais plus que vous plaindre... levez-vous. (*Il la relève, Armand et Marie la placent sur un fauteuil. Michelin dit à Richelieu,*) Sortez de chez moi, monsieur... et puisque le crime a tant d'attraits pour vous, jouissez de toute l'atrocité du vôtre... il coûte à cette infortunée comme à moi, la tranquillité, l'honneur... et peut-être la vie... sortez.

RICHELIEU, *d'un air sombre et un peu fier.*

Ce qu'on me demande comme une grace, je suis disposé quelquefois à l'accorder... je n'obéis jamais à des ordres.

MICHELIN, *s'élançant vers un secrétaire ouvert, où il saisit un pistolet.*

Scélérat!

ARMAND et MARIE, *avec un cri terrible et les bras étendus vers Michelin.*

Ciel!

Madame Michelin est presque sans connoissance. Au mouvement rapide, au cri d'Armand et de Marie, Michelin qui visoit Richelieu, s'arrête, rejette précipitamment le pistolet et après un moment de silence, il dit à Richelieu d'une voix éteinte et tremblante.

MICHELIN.

J'allois me souiller d'un crime. Le commettre et n'en pas être effrayé... cela n'appartient qu'à vous... Armand, aidez-moi à transporter cette femme expirante dans un lieu où monsieur sera peut-être encore assez humain pour ne pas nous poursuivre... il sortira de celui-ci quand il le jugera convenable.

RICHELIEU.

Pendant qu'Armand et Michelin s'apprêtent à transporter madame Michelin, Richelieu les regarde d'un air sombre, il se frappe le front avec un sentiment d'indignation contre lui-même, et dit à Armand en se préparant à sortir:

M. Armand, je vous attends chez moi.

ARMAND.

Vous avez tort, monsieur, je n'y rentrerai jamais.

RICHELIEU.

Je saurai vous retrouver.

ARMAND.

Je ne me cacherai pas... mais vous, si l'âge et la raison ne vous ramènent point aux sentimens de l'honneur et de l'humanité; si votre rang vous dérobe à la justice des hommes, craignez celle devant qui nous sommes tous égaux. L'heure de la vengeance sonnera; vous vous serez vainement réfugié dans la tombe, vous n'échapperez [illegible] à la postérité, et votre mémoire expiera l'impunité de votre vie.

RICHELIEU, *avec une sorte d'effroi.*

Juste ciel!

MICHELIN, *à Armand.*

Tu es perdu!

ARMAND, *avec chaleur.*

Je t'ai vengé.

RICHELIEU, *du ton le plus pénétré.*

Vengez!.. oui, Michelin, vous l'êtes... (*montrant son cœur.*) il est là votre vengeur... Armand, ne craignez rien... je fus égaré, je ne suis pas un monstre... sauvez-la, je vous en conjure... sauvez-moi, s'il se peut, un crime irréparable.

(*Il sort en regardant madame Michelin mourante, et fait un geste de désespoir.*)

SCÈNE VI.

ARMAND, MAD. MICHELIN, MICHELIN, MARIE.

ARMAND, *montrant à Michelin son épouse expirante.*

Et cette infortunée?... le ciel fait grace au repentir... seras-tu donc plus inexorable que lui?

MICHELIN, *avec un sentiment douloureux.*

Elle m'a trahie... elle!

Mad. MICHELIN, *faisant un dernier effort pour se jetter aux pieds de son mari. Armand et Marie la soutiennent.*

(*Les bras étendus vers Michelin.*) Accorde-moi ma grace... qu'une fois encore ma main presse la tienne contre ce cœur ou le remords n'a jamais cessé de te venger... un regard... un seul et dernier regard, qu'il ne soit point de haine et je péris trop heureuse.

MICHELIN, *avec une tendresse qu'il ne peut plus contenir.*

Ah! je t'ai trop aimée, cruelle! pour te haïr jamais... vis pour rendre justice à mon cœur... va, c'est encore de toi seule que dépend tout notre bonheur.

Mad. MICHELIN, *que son mari veut relever, qui reste à genoux.*

Tes larmes ont coulé.. Armand! il me fait grace... et le ciel me pardonne aussi. (*Elle tombe sans connoissance.*)

MICHELIN.

La force l'abandonne...

MARIE.

Peut-être un prompt secours...

ARMAND.

Et voilà donc l'abîme où peut nous plonger un seul moment de foiblesse et d'erreur! (*La toile tombe.*)

FIN.

www.ingramcontent.com/pod-product-compliance
Lightning Source LLC
LaVergne TN
LVHW010615110826
845149LV00003B/916

* 9 7 8 2 0 1 9 2 0 2 2 4 8 *